मनोमत

युवाओं को अपने सपने साकार करने के नुस्खे

आत्मतथ्यात्मक आधारित

डॉ. राम प्रकाश सक्सेना

Copyright © Dr. Ram Prakash Saxena 2022
All Rights Reserved.

ISBN
Hardcase: 979-8-88733-636-7
Paperback: 979-8-88704-835-2

This book has been published with all efforts taken to make the material error-free after the consent of the author. However, the author and the publisher do not assume and hereby disclaim any liability to any party for any loss, damage, or disruption caused by errors or omissions, whether such errors or omissions result from negligence, accident, or any other cause.

While every effort has been made to avoid any mistake or omission, this publication is being sold on the condition and understanding that neither the author nor the publishers or printers would be liable in any manner to any person by reason of any mistake or omission in this publication or for any action taken or omitted to be taken or advice rendered or accepted on the basis of this work. For any defect in printing or binding the publishers will be liable only to replace the defective copy by another copy of this work then available.

मैं चाहता हूँ -- निज़ाम -ए- कुहन बदल डालूँ।
मगर यह बात फ़क्त मेरे बस की नहीं।
उठो, बढ़ो, मेरी दुनिया के साथ इंसानों,
यह सब की बात है, दो - चार - दस की बात नहीं।

ताज भोपाली

All questions have answers.
But all answers can be questioned.

समर्पित

युवाओं के प्रेरणा स्रोत

स्वामी विवेकानंद व डॉ. अब्दुल कलाम

को सादर

विषय सूची

1. प्राक्कथन — 9

2. पीएच. डी. तथा करियर के लिए जद्दोजहद — 15

3. सेवाकाल के अनुभव — 25

4. धर्म — 41

5. वसुधैव कुटुम्बकम् में तिरस्कृत प्राणी — 55

6. अंधविश्वास — 83

7. ज्योतिष — 107

8. अभिव्यक्ति की स्वतंत्रता — 115

9. शिक्षा — 121

10. मेरी लेखकीय यात्रा — 127

11. अविस्मरणीय घटनाएँ — 135

12. इनामों की दुनिया   145

13. यात्राएँ : देशी व विदेशी   147

14. मीडिया में नैतिकता   159

15. बचपन   165

16. आत्मचिंतन   171

प्राक्कथन

भोगा हुआ अप्रिय (और प्रिय भी) यथार्थ लिखने का साहस जुटाया है। अलंकारों से विरक्ति और भाषा की सपाट बयानी से अनुरक्ति इसलिए अपनाई गई है कि मेरी बात पाठक तक सीधे पहुँचे और अलंकारों के मकड़जाल में न फँसे। मैंने पुस्तकों से बहुत-कुछ सीखा है, पर जीवन के अनुभवों से अधिक सीखता गया। किसी शायर ने ठीक ही कहा है:-
बहुत-कुछ सिखाया ज़िंदगी के सफ़र ने अनजाने में, वह किताबों में दर्ज था ही नहीं, जो पढ़ाया सबक़ ज़माने ने।'

वृद्धावस्था ने इंद्रीय शिथिलता के कपाट खटखटाना शुरू कर दिए हैं, तो सोचा अब तो तैयारी करनी ही पड़ेगी। खटखटाने की इसी हड़बड़ी में स्मृति की गठरी से जो भी पल फिसल पड़े, उन्हीं को आप सबके सामने (विशेषतया युवा वर्ग) उड़ेल रहा हूँ। कदाचित ये मेरे अनुभव किसी की प्रेरणा बन जाएँ, तो ख़ुद को ख़ुशक़िस्मत समझूँगा।

रोचकता बनाए रखने तथा कहानी के प्रवाह में तालमेल बिठाने व तारतम्य के लिए कल्पना का ऐसा प्रयोग हो गया है, जो वास्तविकता

को ज़ाहिर करने में सहायक हो। अमेरिकन लेखक जेसमिन वेस्ट (Jessamyn West) ने ठीक ही कहा हैं, 'कथा साहित्य उस सत्य को भी उजागर करता है जो यथार्थ में अव्यक्त रह जाता है।" ("Fiction reveals truth that reality obscures.")

जैसे जैसे हम बूढ़े हो जाते हैं, तो हमें सार्थक बुढ़ापा जीना चाहिए। हमें कोशिश यह करनी चाहिए कि हम समाज के लिए कितने उपयोगी हैं। इसी दृष्टि से मुझे यह पुस्तक लिखने की प्रेरणा मिली है। मैंने यह महसूस किया कि अधिकतर लोग सुनी-सुनाई बातों पर आँख मूँद कर विश्वास कर लेते हैं। अपनी कॉमनसेंस का भी प्रयोग नहीं करते। मैं 1953 से ही अपने ऊपर प्रयोग करता रहा हूँ। यह मेरा शौक Hobby) बन चुका है। पाठक के मन में यह शंका उठना स्वाभाविक है कि क्या इतने वर्षों पूर्व किए गए एक्सपेरीमेंट आजकल उपयोगी (relevant) हैं। हाँ हैं। मैंने उन्हीं अनुभवों को आपसे साझा किया है, जो आज भी उपयोगी हैं। यहाँ दो उदाहरण देना पर्याप्त होगा। मैंने 'अंधविश्वास' अध्याय में दो पत्र दिए हैं। आजकल पत्रों के स्थान पर वाट्स-ऐप का इस्तेमाल किया जाता है, लेकिन उनमें विषयवस्तु (content) वही रहती है। उसी प्रकार भूतों को उतारने के नाम पर धंधा पहले की तरह ही चल रहा है।

महाकवि तुलसीदास ने ये पंक्तियाँ कही हैं:-

"नहिं कवित्त न ही साधन मोरे।

सत्य कहूँ लिख कागद कोरे।"

अपना विनय प्रकट करने के लिए मैं भी यही सोचता हूँ।

मुझे भारतीय संस्कृति पर गर्व है। लेकिन समय के हिसाब से उसमें कुछ कमियाँ भी हैं। समय-समय पर समाज सुधारक इन कमियों को

सुधारते जाते हैं। यही हमारे धर्म और संस्कृति की खूबसूरती है। इस शुभ काम में मेरा भी क्षणिक योगदान रहे, यह कामना है।

कई कविताओं की पंक्तियों के लेखकों के नाम मुझे ज्ञात नहीं हो पाए। इसलिए मैं उनसे क्षमा प्रार्थी हूँ। मेरा उद्देश्य संदेश को पाठक तक पहुँचाना है, अपनी विद्वता का परिचय देना नहीं। जहाँ कुछ शंका है, वहाँ शायद का प्रयोग कर दिया है। जीवन भर घटनाओं को तर्क और विज्ञान की दृष्टि से विश्लेषण करता रहा और उसमें आनंद लेता रहा। मेरे रिसर्च की क्रियाविधि (Methodology) कुछ इस प्रकार रही।.मैंने (जहाँ तक संभव हो सका) हरेक के दस-दस नमूने (sample) लिए। फिर उनके रिज़ल्ट देखे। जैसे, रास्ते में काना दिख गया या बिल्ली रास्ता काट गई, और जिस काम से जा रहा हूँ, तो कभी काम नहीं बना और कभी बन भी गया, ऐसे को अंधविश्वास की श्रेणी में डाल दिया, क्योंकि काना दिखने या बिल्ली रास्ता काटने से काम के बनने या बिगड़ने से कोई सबंध नहीं है। यदि किसी दूसरे से डैटा लिया, तो उसको समय के हिसाब से पैसा दिया। एक रोचक संस्मरण याद आ रहा है। मुझे एक वेश्या से डैटा लेना था। मैंने उससे पूछा कि आप एक घंटे में कितना कमाती हैं। उतना पैसा मैंने उसको दे दिया। चलते समय वह पैसा वापस करने लगी। उसका कहना था, 'जिस अच्छे उद्देश्य से आप यह कार्य कर रहे हैं, उसमें मेरा भी कुछ योगदान रहे, तो अच्छा ही है। मैंने कहा, 'आपका योगदान इतना ही पर्याप्त है कि आपने ईमानदारी से जानकारी दी।'

जब लोग मुझसे पूछते हैं कि आप कहाँ के हैं, तो मुझे भी उत्तर देने में सोचना पड़ता हैं। मैं 10 वर्ष तक ककराला (ज़िला बदायूँ) में रहा।10 वर्ष बरेली (उत्तर प्रदेश) में पढ़ा। लगभग 12 वर्ष (1961-1973) मध्य प्रदेश (कोतमा, कोटर, देवेंद्र नगर, उंचेहरा, सुजर्मा, सबलगढ़ और मुंगावली) में रहा, जहाँ मैं शासकीय जूनियर कॉलेजों में इंग्लिश का

लेक्चरर रहा। 1973 से 2015 तक नागपुर (महाराष्ट्र) में रहा। उसके बाद पत्नी के बीमारी के कारण बेंगलूरु में शिफ्ट हो गया। रिटायरमेंट के बाद लखनऊ, सागर और वर्धा में भी रहने का अवसर मिला। मैं गर्व से कहता हूँ कि मैं चार राज्यों का हूँ। 17 विदेशों में भी घूमा हूँ। इसीलिए मेरे पास अनुभवों का भंडार है, जिससे मेरे सोचने का दायरा विशाल और उदार हो गया है। अपने विश्लेषित अनुभवों को पाठकों तक शेयर करना चाहता हूँ। पाठकों को पढ़ाना या सीख देना मेरा उद्देश्य नहीं है, इसलिए शेयर शब्द का प्रयोग किया गया है।

यह पुस्तक युवा वर्ग को ध्यान में रखकर लिखी गई है। इसीलिए मैंने यह पुस्तक युवाओं के प्रेरणा स्रोत स्वामी विवेकानंद औए डॉ. अब्दुल कलाम को समर्पित की है। संसार में इतना अज्ञान (झूठ) फैला है कि सत्य को सत्य साबित करने के लिए अथक और सतत प्रयास करने की आवश्यकता है। हज़ारों सालों से बहुप्रचलित मान्यताओं को नकारने (negate) के लिए हज़ारों साल तो संभव ही नहीं है, पर, कम से कम हज़ार घंटे तो खर्च करने ही पड़ेंगे। इस काम को करने के लिए मैं दुस्साहस कर रहा हूँ। मैं ने 'धर्म' पर एक अध्याय लिखा है। इसका मतलब यह न समझा जाए कि मैं किसी पंथ का आधिकारक ज्ञाता हूँ और किसी विशेष पंथ को प्रतिपादित करना चाहता हूँ। मैं ने सामान्य जन की भाँति अपने 'कॉमनसेंस' का इस्तेमाल करते हुए कुछ पंथों को देखा और वैज्ञानिक विश्लेषण किया। जो तथ्य सामने आए, उनको लिपिबद्ध कर दिया। इसके साथ मैं एक चेतावनी भी देता हूँ। मैं जो कह रहा हूँ, क्या वही सत्य है? नहीं आपको सत्य की स्वयं खोज करना पड़ेगी। भगवान बुद्ध के शब्दों में अपना दीपक स्वयं बनना पड़ेगा। यह पुस्तक आत्मकथा नहीं है। आत्मकथात्मक तथ्यों के आधार पर जीवन का विश्लेषण मात्र है।

बहिन डॉ. किरण झांब (रिटायर्ड इंग्लिश प्रोफेसर), पत्नी डॉ. साधना सक्सेना व मित्र (अब स्वर्गीय) डॉ. आनंद स्वरूप ने पांडुलिपि पढ़कर सुझाव दिए। इनके प्रति आभार या कृतज्ञता के शाब्दिक ज्ञापन मात्र से मैं उऋण होना नहीं चाहता।

दिनांक : 27 मई 2022   राम प्रकाश सक्सेना

अवसर : विवाह के 55 वर्ष

संपर्क : drrpsaxena@rediffmail.com : 91-9422146171/8830991585

ए - 204, मंत्री सरोवर अपार्टमेंट, 7 क्रॉस रोड, सेक्टर 4,

HSR ले आउट, बेंगलूरु- 560102

पीएच. डी. तथा करियर के लिए जद्दोजहद

यह इत्तिफ़ाक़ की बात है कि पढ़ाई के बाद आपको तत्काल अपनी इच्छानुसार काम मिल जाए। अगर आप किसी अच्छी संस्था से तकनीकी शिक्षा लेकर निकले हों, तो भी कोई समस्या नहीं है। यदि आप आर्ट्स के विषयों में जवाहरलाल नेहरू (जे. एन. यू.) आदि विश्वविद्यालय से निकले हों, तो भी आपको नौकरी मिल जाएगी। यदि आप किसी अन्य विश्वविद्यालय से डिग्री लेकर निकले, और आपका कोई गॉड फ़ादर न हो, तो आपको करियर बनाने में काफ़ी पापड़ बेलने पड़ेंगे। मेरे साथ कुछ ऐसा ही हुआ।

एम. ए. करने के बाद मध्य प्रदेश के शासकीय हायर सेकंडरी/ जूनियर कॉलेज में लेक्चररशिप तो मिल गई। कुछ वर्षों बाद मुझे मध्य प्रदेश लोक सेवा आयोग के समक्ष डिप्टी कलेक्टर के पद के लिए साक्षात्कार के लिए इंदौर जाना पड़ा। उस समय मध्य प्रदेश में लिखित

परीक्षा नहीं होती थी। साक्षात्कार इंग्लिश में हुआ था। उसके कुछ अंश प्रस्तुत हैं:-

प्र:- मध्य प्रदेश का सबसे बड़ा शहर कौन सा हैं?

मुझे इस प्रश्न का उत्तर मालूम नहीं था। इसलिए मैंने कहा, 'किस दृष्टि से?'

प्र:- किस दृष्टि से हो सकता हैं?

उ:- क्षेत्र की दृष्टि से या जनसंख्या की दृष्टि से।

प्र:- दोनों दृष्टियों से?

उ:- (तब तक मैंने उत्तर ढूँढ लिया था) दोनों दृष्टियों से इंदौर सबसे बड़ा शहर है।

प्र:- आपका प्रिय विषय कौन सा है?

उ:-इंटरनेशनल लॉ।

प्र:- चीन के प्रधान मंत्री भारत की सीमा से श्रीलंका जाना चाहते थे। भारत ने उनको आज्ञा नहीं दी, क्योंकि चीन ने 1962 के युद्ध में भारत की काफ़ी ज़मीन अपने कब्ज़े में कर ली थी। इंटरनेशनल लॉ के आधार पर आपको भारत के पक्ष में दलीलें देना हैं।

उ:- मैंने इंटरनेशनल लॉ के आधार पर भारत को डिफ़ेंड किया।

प्र:- शायद आपने ठीक से सुना नहीं। आपको चीन की तरफ़ से बहस करना हैं।

उ:- मैंने इंटरनेशनल लॉ के आधार पर चीन की तरफ़ से दलीलें दीं।

मेरी दलीलों से आयोग के सभी सदस्य बहुत प्रसन्न हुए। एक सदस्य ने कहा, 'आप किसी की भी पक्ष में इतनी अच्छी दलीलें दे सकते हैं। आपने वकालत का धंधा क्यों नहीं चुना।

उ:- हर सुंदर लड़की ऐकटिंग या मॉडेलिंग में नहीं जाती।

प्र:- क्या आप वकालत और इन पेशों को एक समान मानते हैं?

उ:- यस सर, इन पेशों में शरीर की सुंदरता से कमाया जा सकता है और वकालत में अपने दिमाग़ से।

प्र:- अगर आपका सिलेक्शन इस पद पर हो जाए, तो आप ज्वाइन करेंगे?

उ:- बिलकुल नहीं। मेरे स्वभाव और शौक के कारण मुझे टीचिंग प्रोफेशन ही सूट करता है। मनुष्य को अपना प्रोफेशन अपने च्वाइस का ही चुनना चाहिए। मेरा मानना है कि बेस्ट टैलेंट को टीचिंग प्रोफेशन में ही होना चाहिए।

प्र:- फिर आप इस इंटरव्यू में आए क्यों?

उ:- अपनी योग्यता परखने के लिए।

मेरा स्वप्न तो यूनिवर्सिटी में जाने का था। इसके लिए मुझे किसी अन्य विषय में एम. ए., पी-एच. डी. करना था। मेरा प्रिय विषय गणित रहा। गणित के कारण मैं हाई स्कूल में फस्ट क्लास फस्ट आया। लेकिन मजबूरी में आर्ट्स के विषय लेने पड़े। अब मेरी च्वाइस महत्वपूर्ण थी, इसलिए मैंने भाषाविज्ञान विषय चुना। उस समय (20वीं शताब्दी के सातवें दशक में) विभिन्न विश्वविद्यालयों में भाषाविज्ञान के समर स्कूल लगा करते थे। इन स्कूलों में विदेशी विद्वान या विदेशों से पढ़कर आए भारतीय विद्वान पढ़ाया करते थे। वहाँ माध्यम इंग्लिश था। इसलिए जो इंग्लिश नहीं समझ पाते थे, वे ज्ञान से वंचित रह जाते थे। मैंने हैदराबाद(1963), तिरुवनंतपुरम (1964), पचमढ़ी (1965) और मुंबई (1966) में अपने पैसे से समर स्कूल अटेंड किए। मैं सौभाग्यशाली था कि योग्य शिक्षकों के कारण भाषाविज्ञान का अच्छा ज्ञान प्राप्त हो गया। लेकिन ज्ञान से क्या होता है, नौकरी के लिए डिग्री भी तो

चाहिए। डिग्री के लिए मुझे सागर विश्वविघालय का सहारा लेना पड़ा। 1962 में जब मैं वहाँ के हेड से मिला, तो उन्होंने इतनी बुरी तरह हतोत्साहित किया कि मैंने एम. ए. भाषाविज्ञान करने का इरादा ही छोड़ दिया। किसी विद्वान द्वारा इस तरह के व्यवहार की मैंने कभी आशा नहीं की थी।

हैदराबाद के समर स्कूल में मेरी मुलाक़ात सागर विश्वविद्यालय के प्रोफ़ेसर डॉ. देवी शंकर द्विवेदी से हो गई। उनको मैंने अपनी व्यथा बताई। उनका उत्तर था, 'हमारे हेड का व्यवहार ऐसा ही रहता है। आप इसकी चिंता मत कीजिए। आप शौक़ से हमारे यहाँ से एम. ए. कीजिए।'

मैंने कहा, 'आप पुस्तकों के नाम बता दीजिए।'

उन्होंने कहा, 'पहले यह बताइए कि आप केवल डिग्री लेना चाहते हैं या विषय के विद्वान भी बनना चाहते हैं?'

मैंने कहा, 'दोनों'।

'तब आप हिंदी पुस्तकें मत पढ़िए, क्योंकि ये कोर्स कवर नहीं करतीं। मैं आपको इंग्लिश पुस्तकों की लिस्ट दे दूँगा। ये सभी पुस्तकें दिल्ली में मुंशीराम मनोहर लाल के यहाँ मिल जाएँगी।' मुझे हाई स्कूल से लेकर एम. ए. तक कभी भी पूरी पुस्तकें नहीं मिल पाईं, जिसका खामियाजा मुझे जिंदगी भर सालता रहा। अब तो मेरी नौकरी थी, इसलिए मैंने दूसरे दिन मुंशी राम को पत्र लिखा कि वे शासकीय उच्चतर माध्यमिक विद्यालय, कोतमा के पते पर सब पुस्तकें वीपी से भेज दें। मुझे वे पुस्तकें मिल गईं और मैंने उन्हीं का अध्ययन किया और सागर विश्वविद्यालय के भाषाविज्ञान विभाग में टॉप किया, यद्यपि प्रायवेट कंडीडेट होने के कारण मुझे मौखिकी (वायवा) में सब से कम नंबर दिए गए।

मैं समर स्कूल में डॉ. उदय नारायण तिवारी से मिल चुका था। पीएच. डी. के लिए मैं उनसे मिलने इलाहाबाद में 29 जून 1966 को उनके निवास स्थान पर गया। जाकर मैंने उनको अपना मंतव्य बताया। वे सोफ़ा में बैठे कुछ काम कर रहे थे। थोड़ी देर में एक सज्जन आए और उन्हों ने गुरु जी के पैर छुए। पंडित जी ने तत्काल मुझसे कहा, 'देखा, यह रीडर है। आते ही पैर छुए।' मैं अपनी ग़लती समझ गया और मैंने तत्काल उनके पैर छू लिए। इसका तत्काल असर हुआ। पंडित जी ने आश्वासन दिया कि मैं 15 अक्तूबर (1966) को पीएच. डी. रजिस्ट्रेशन के लिए जबलपुर आ जाऊँ। मैं धन्य हुआ और मुझे पैर छूने का महत्व समझ में आ गया। इससे पहले मेरा संपर्क हिंदी व संस्कृत के विद्वानों से हुआ नहीं था, जहाँ पैर छूना अनिवार्य है।

15 अक्तूबर 1966 को मैं जबलपुर में डॉ. तिवारी के क्वाटर पहुँच गया।

वहाँ पंडित जी ने कहा, 'आप हमारे ज्यूरिस्डिकशन में नहीं आते।'

मैंने कहा, 'यह सही है कि मैं सागर यूनिवर्सिटी के ज्यूरिस्डिकशन में आता हूँ। पर वहाँ तो इस समय भाषाविज्ञान का कोई टीचर नहीं है। डॉ. द्विवेदी कुरुक्षेत्र जा चुके हैं।'

पंडित जी ने कहा, 'आप कुलपति से मिल लीजिए। अगर वह अलाव करेंगे, तो मैं आप को ले लूँगा। वे कायस्थ हैं, वे अपकी ज़रूर मदद करेंगे।'

मैंने कहा, 'सर, डॉ. वर्मा मेरी मदद नहीं करेंगे। मैं उनके पास नहीं जाऊँगा।'

पंडित जी ने डॉ. वर्मा से मिलने के लिए फ़ोर्स किया। उनके कहने पर डॉ. वर्मा से मिलने चला गया। उन्होंने मेरी मदद करने से मना कर

दिया। मैं लौटकर डॉ. तिवारी के पास गया। वहाँ जाकर मैं रुआँसा हो गया। मैंने पंडित जी को ख़ूब खरी-खोटी सुनाईं। मैंने कहा, 'आप लोग विद्वान बनते हैं। हम आप लोगों को गुरु मानते हैं और आप लोग जातिवाद की बात करते हैं। आप लोगों को शर्म आनी चाहिए। आप लोग प्रतिभा को डिले कर सकते हैं, पर समाप्त नहीं कर सकते हैं। एक समय आएगा जब आप मेरे बारे में गर्व से कहेंगे कि यह मेरा स्टूडेंट है।

कहते-कहते मैं रोने लगा। माता जी ने मुझे पानी पिलाया। तब तक पंडित जी भी नॉर्मल हो चुके थे। उन्होंने कहा, 'बेटा, तुम प्रतिभावान छात्र हो। तुम आगरा में के. एम. इंस्टीट्यूट चले जाओ, वहाँ ज्यूरिस्डिकशन की समस्या नहीं हैं। वहाँ के निदेशक डॉ. गुप्त मेरे मित्र हैं। मैं उनको पत्र लिख देता हूँ। तुम्हारी मदद अवश्य करेंगे।'

[नोट:- मेरा कथन सत्य निकला। जब नागपुर में 10 जनवरी 1975 से प्रथम विश्व हिंदी सम्मेलन हुआ, तब भारत के अधिकतर हिंदी के विद्वान आए थे। उन सबके सामने आदरणीय डॉ. उदय नारायण तिवारी ने 12 जनवरी 1975 को मेरा परिचय यह कहकर कराया, 'यह मेरा स्टूडेंट है। यह इस समय नागपुर विश्वविद्यालय में भाषाविज्ञान का लेक्चरर है।]

मैं उनका पत्र लेकर सीधा आगरा चला गया। वहाँ डॉ. गुप्त से मिला। उन्होंने मेरे एम. ए. की मार्कशीट देखी और बहुत प्रसन्न हुए और कहा, 'तुम बहुत प्रतिभावान हो। तुम जनवरी में आ जाना। तुम्हारा पीएच. डी. के लिए रजिस्ट्रेशन हो जाएगा।'

मैं खुशी-खुशी अपने घर लौट आया और पत्र का इंतज़ार करने लगा।

13 जनवरी 1967 को मैं पोस्ट ऑफिस गया और पोस्टमैन से पूछा कि क्या मेरा कोई पत्र आया है। उसने कहा, 'नहीं'। मैं इसके बाद भोपाल चला गया। 16 जनवरी को जब मैं घर (उंचेहरा) पहुँचा तो पता

चला कि उसी दिन 13 जनवरी को ही आगरा से पत्र आ चुका था कि मुझे 15 जनवरी को ही आगरा पहुँचना था। मैं तत्काल आगरा के लिए रवाना हो गया। 17 जनवरी को मैं निदेशक से मिला। उन्होंने कहा, 'आपको तो 15 तारीख को आना था और आज तो 17 तारीख हैं।'

जब मैंने अपनी पूरी कहानी सुनाई, तो उन्होंने कहा, 'बेटा, तुम्हारा भाग्य ही ख़राब हैं। उस दिन दिल्ली से एक छात्र बिना बुलाए आ गया था। वह 5 बजे तक इंतज़ार करता रहा। आप 5 बजे तक नहीं आए, तो हमने उसका रजिस्ट्रेशन कर दिया। अब आप को 6 महीने इंतज़ार करना पड़ेगा।

6 महीने बाद जब मुझे आगरा बुलाया गया, तब पत्नी अस्पताल में भर्ती थीं। पत्नी ने साहस बँधाया और मुझे आगरा जाने के लिए प्रोत्साहित किया। मैं तत्काल आगरा रवाना हो गया। मैं टूंडला स्टेशन पर उतरा। रास्ते में एक सरदार जी एक स्कूटर से आगरा जा रहे थे। मैंने उनको रुकने के लिए हाथ दिया और आगरा जाने के लिए लिफ़्ट माँगी । उन्हों ने कहा, 'मैं जल्दी में हूँ। आप जल्दी से पीछे बैठ जाइए।' मेरे बैठने से पहले स्कूटर चला दिया। मैं धड़ाम से नीचे गिर गया। मैं तत्काल उठकर स्कूटर पर बैठ गया। जब मैंने अपना हाथ सिर के पीछे रखा तो खून निकल रहा था। मैंने यह बात सरदार जी को नहीं बताई और मैं आगरा पहुँच गया। मैं 9.30 बजे के. एम इंस्टीट्यूट की सीढ़ियों पर जा कर बैठ गया। गेट अभी खुला नहीं था। 10 बजे निदेशक की कार आई। वे मुझे देखकर हँसे और कहा, 'क्या रात को यहीं सोए थे?'

मैं: 'सर, इस बार मैं कोई रिस्क लेना चाहता था। इसलिए बहुत पहले आकर बैठ गया था।'

मेरा रजिस्टेशन हो गया। मैंने अपनी रूपरेखा (synopsis) इंग्लिश में जमा की थी। बाद में अपने गाइड डॉ. कैलाश चंद्र अग्रवाल और

तत्कालीन निदेशक डॉ. राम विलास शर्मा के कहने पर थीसिस हिंदी में लिखी। मुझे 1970 की सर्वश्रेष्ठ पीएच. डी. थीसिस के लिए गोल्ड मेडल मिला। थीसिस छप भी गई। केंद्रीय हिंदी निदेशालय हर वर्ष 'हिंदी वार्षिकी' प्रकाशित करता है, उसमें हर विषय की हिंदी में प्रकाशित पुस्तकों की समीक्षा की जाती है। भाषाविज्ञान की पुस्तकों की समीक्षा डॉ. भोलानाथ तिवारी ने लिखी थी। उन्होंने लिखा, "बोलियों पर अभी तक हिंदी में जितनी पुस्तकें प्रकाशित हुई हैं, उनमें सर्वश्रेष्ठ पुस्तक राम प्रकाश सक्सेना की पुस्तक 'बदायूँ जनपद की बोली का एककालिक अध्ययन' है।" मैं गदगद हो गया। धन्यवाद देने के लिए मैं उनसे मिलने 1 जनवरी 1975 को दिल्ली में उनके निवास स्थान मॉडल टाउन गया। वे मुझसे मिलकर बहुत प्रसन्न हुए। उन्होंने अपनी किताब, 'भाषाविज्ञान' के बारे में बताया, 'यह मेरा मकान इसी एक किताब की बदौलत है।'

बातचीत के दौरान जब उन्हें यह पता चला कि मैंने उनकी किताब अभी तक नहीं पढ़ी है, तो उनको बहुत आश्चर्य हुया। शुरू में तो उन्हे विश्वास ही नहीं हुआ। जब मैंने बताया कि मैंने भाषाविज्ञान का ज्ञान समर स्कूल से प्राप्त किया है, तब उन्हें मेरी बात पर विश्वास हुया।

पीएच. डी. के बाद नौकरी की तलाश शुरू हुई। सागर यूनिवर्सिटी से बहुत आशा थी। लेकिन वहाँ इंटरव्यू ही नहीं हुआ। नागपुर यूनिवर्सिटी में मेरा इंटरव्यू 18 अप्रैल 1973 को हुआ। एक्सपर्ट डॉ. अशोक केलकर थे। उन्होंने पूछा, 'आपने सबसे लेटेस्ट बुक कौन सी पढ़ी है?'

मैंने कहा, 'John Lyons की पुस्तक, Introduction to Theoretical Linguistics.

डॉ. केलकर : Have you seen that Book?

मैं : Sir, I own that Book

उन्होंने आश्चर्य चकित होकर कहा, 'You own that Book!'

मैं : Yes, sir.

उनको आश्चर्य इस बात का हो रहा था कि वह पुस्तक अभी-अभी भारत में आई थी और मुझे कैसे मिल गई। उन्होंने मुझ से अधिकतर प्रश्न इसी पुस्तक से पूछे, यह जानने के लिए कि क्या वास्तव में मैंने वह किताब पढ़ी है।

मेरा सिलेक्शन हो गया और मैंने 25 जून 1973 को नागपुर यूनिवर्सिटी में भाषा विज्ञान के लेक्चरर के रूप में ज्वाइन कर लिया।

इसके पूर्व मेरी नियुक्ति बनस्थली विद्यापीठ हो चुकी थी। लेकिन मैंने ज्वाइन नहीं किया, क्योंकि वहाँ मुझे अपना भविष्य उज्वल नहीं दिखा। नागपुर ज्वाइन करने के बाद मुझे पिलानी से भी नियुक्ति पत्र मिला।

मुझे यहाँ यह कहने में कोई संकोच नहीं है कि मैंने यूनिवर्सिटी में पहुँचने के लिए कुछ तिकड़में भी लगाईं। लेकिन लेक्चररशिप शुद्ध योग्यता पर ही मिली। इसका उल्लेख डॉ. अशोक केलकर ने मेरे हेड डॉ. सु. बा. कुलकर्णी से किया था।

सेवाकाल के अनुभव

मैं बचपन से ही वैज्ञानिक या अध्यापक बनना चाहता था। बी. एड. में यह पढ़ाया जाता है:- 'The teacher should know something of everything and everything of something.' (अध्यापक को हर चीज़ के बारे में थोड़ा-थोड़ा जानना चाहिए और कुछ चीज़ों के बारे में सब-कुछ जानना चाहिए'।) वैसे यह संभव तो नहीं है, फिर भी मैंने इसको अपने जीवन में चरितार्थ करने की कोशिश की। दूसरे, मेरी रुचि समाज सुधार की भी थी। जिन चीज़ों को मैंने भोगा, कोशिश की कि सत्ता में आने पर मैं उनका निराकरण करूँ और जहाँ तक संभव हुआ, किया भी। उदाहरणार्थ, जाति या लिंग के आधार पर किसी को लाभ या हानि नहीं पहुँचाई। क़ानून के आधार पर शीघ्र निर्णय लेना मेरी आदत है। कोई काम पेंडिंग नहीं छोड़ता। जो काम वर्षों से अनिर्णय के कारण लटके हुए थे, उनको क़ानून के दायरे में लाकर निबटा दिया। यहाँ कुछ उदाहरण प्रस्तुत हैं।

सब से पहले मेरी नियुक्ति शासकीय उच्चतर माध्यमिक विद्यालय कोतमा में इंग्लिश लेक्चरर के रूप मैं हुई। वहाँ के अधिकतर छात्र ग़रीब और आदिवासी थे। *मैंने लगन और मेहनत से छात्रों मैं लोकप्रियता बढ़ा ली। कई टीचर यह कहा करते थे कि इन छात्रों के ब्लड में ही एज़ूकेशन नहीं हैं। मैं यह कहता कि ब्लड में एज़ूकेशन तो किसी के भी नहीं होती। मैं चूँकि नया था, इसलिए उनसे बहस करना मुझे ठीक नहीं लगता था। मैं एक ग़रीब छात्र को अपने घर में गाइड कर दिया करता था। एक दिन उसी समय मेरे मित्र पांडेय जी आ गए। वह छात्र उनको देखकर कुर्सी से उठ बैठा। मित्र स्वयं प्रगतिशील थे। उन्होंने भी आग्रह किया कि वह कुर्सी पर बैठा रहे। उसका तर्क था, 'मैं ब्राह्मण के बगल में कैसे बैठ सकता हूँ।' हम लोग हतप्रभ थे।

- स्कूलों में छात्र सबसे ज़्यादा इंग्लिश से डरते थे। सबसे पहले मैंने उनका डर दूर किया। उसके बाद विषय को सरल बनाकर पढ़ाया। रिज़ल्ट बहुत अच्छे आए।

- एक घटना और हुई। एक गाँव में पंचायत का चुनाव था। एक रात एक व्यक्ति, जो उस समय सरपंच था, ने मुझसे कहा, 'मैं समाजवादी पार्टी का हूँ और पता चला है कि आप भी समाजवादी हैं। हमारे गाँव मैं एक महिला पंच अनपढ़ है। उसका वोट आप को ही डालना है।'

मैं : यह सही है कि मैं समाजवादी हूँ, लेकिन मैं यह बेईमानी नहीं कर सकता। वह व्यक्ति : मेरी इज्ज़त का मामला हैं। आपको यह काम करना ही पड़ेगा। इसके लिए आप जितने रुपए चाहिए, मैं दे दूँगा।

मैं : यह भी संभव नहीं हैं।

इसके बाद उसने मुझे धमकाया, 'तब तो आप हमारे गाँव से ज़िंदा नहीं लौट पाएँगे।' इसके बाद वह मुझे गाली देता हुआ चला गया।'

दूसरे दिन मैंने इसकी शिकायत कलेक्टर से कर दी। कलेक्टर ने मेरी सुरक्षा का प्रबंध कर दिया। चुनाव में वह व्यक्ति हार गया।

- चूँकि मैं स्त्री और अनुसूचित जाति के पक्ष की बात करता था। इसलिए बहुत से सवर्ण मुझसे नाराज़ रहते थे। उन्होंने एक योजना बनाई। सक्सेना जी शाम को अकेले टहलने जाते हैं। उन्होंने एक अनुसूचित जाति के व्यक्ति को इस बात के लिए तैयार किया कि वह मेरे मुँह में पेशाब कर दे। मेरे छात्रों को इस घटना का पता चल गया। छात्र उस व्यक्ति को मेरे पास ले आए। उस व्यक्ति ने बताया कि इस काम के लिए उसे एक व्यक्ति ने 20 रुपए देने का वादा किया था। जब छात्रों ने उसको समझाया कि सर तो आप लोगों की तरफ़दारी करते हैं।

थोड़ी देर बाद वह व्यक्ति कहने लगा कि आप लोग ठीक कह रहे हैं। अब मैं उस व्यक्ति के मुँह में पेशाब करूँगा। उसने मुझे धोखा दिया है।

मैंने उसे समझाया कि अगर हम लोग ऐसा करेंगे, तो हम लोगों और उन लोगों में अंतर क्या रहेगा। हम लोग परिवर्तन चाहते हैं। परिवर्तन हमेशा समझाने से आता हैं, ज़ोर-ज़बरदस्ती से नहीं आता।

- उसी काल में एक और घटना घटी। रात को एक व्यक्ति शराब पीकर अपनी पत्नी को बुरी तरह पीट रहा था। उसकी पत्नी ज़ोर-ज़ोर से रोते-रोते चिल्ला रही थी, 'बचाओ-बचाओ'। उसके घर के बाहर कई लोग इकट्ठा हो गए थे। लेकिन उसकी मदद करने के लिए कोई कुछ नहीं कर रहा था। मैंने हिम्मत दिखाई और घर में घुस गया और उस आदमी को पीटने लगा। पहले तो वह कहने लगा, 'यह पति-पत्नी का मामला हैं। तू कौन होता

हैं हमारे बीच दखल देने वाला।' मैंने कहा, 'अगर तेरी बीवी चिल्लाएगी, तो पड़ोसियों को दखल देना पड़ेगा।'

दूसरे दिन सुबह-सुबह एक सिपाही मेरे घर आया और बोला, 'सर, आप को थाने बुलाया है।

मैंने कहा, 'क्यों?'

सिपाही : 'पड़ोस की एक औरत ने आपके खिलाफ़ रपट लिखवाई हैं कि आप उसके घर में घुसकर उसके साथ बदतमीजी कर रहे थे।'

मैं थाने चला गया। इस समय तक मेरे कुछ छात्र इकट्ठे हो गए थे। मैंने दरोगा जी को रात की सारी घटना बताई। इससे पहले दरोगा जी मेरे बारे में सुन चुके थे। उन्होंने कहा, 'सर, मैं सब समझता हूँ। आप को भी उसके घर में नहीं घुसना चाहिए था। ऐसी घटनाएँ इस गाँव में रोज़ घटती रहती हैं। अभी तो मैं आप को छोड़ देता हूँ। आशा हैं कि भविष्य में आप ऐसा कुछ नहीं करेंगे।'

[**नोट**: उस समय मैं अविवाहित था। इसलिए मैं इस प्रकार के ऐडवेंचर करता रहता था। शादी के बाद यह सब छूट गया या कहिए छोड़ना पड़ा।]

- उस गाँव में मनोरंजन का कोई साधन नहीं था, क्योंकि गाँव स्कूल से दूर था। इसलिए हम लोग या तो बैडमिंटन खेलते थे या ताश। ताश में ब्रिज खेला करते थे। कभी-कभी फ्लैश (तीन पत्ती) भी खेला करते थे। उस समय मैं किसी को बिना बताए एलएल. बी. कर रहा था। मैं केवल एक घंटा ही ताश खेलता। साथियों को आश्चर्य होता था, क्योंकि पैसों के गेम में (चाहे आप जीत रहे हों या हार रहे हों) बीच में से उठना मनोवैज्ञानिक दृष्टि से बहुत कठिन होता है। लेकिन मैं ऐसा इस लिए कर पाता था कि मैं अपना लक्ष्य सदैव ध्यान में रखता था।

- सबलगढ़ में मेरी एक छात्रा ने मुझसे मदद माँगी। उसका पति उसको अपने घर ले जाना चाहता था, जबकि उसकी परीक्षा होने वाली थी। पति का कहना था कि उसकी माँ बीमार है और उसकी सेवा के लिए बहू की ज़रूरत है। इत्तिफ़ाक़ से उसका पति मेरा छात्र रह चुका था। मैंने उसके पति को अपने घर बुलाया और समझाया कि इस समय परीक्षा होने वाली है। तुम माँ से कह देना कि वह खुद बीमार है। उसने कहा कि क्या माँ से झूठ बोलना नैतिक होगा। मैंने उदाहरण देकर उसको समझाया। गीता में कृष्ण ने युधिष्ठिर से यह झूठ बुलवाया था कि अश्वत्थामा मारा गया। क्या तुम इस प्रकरण को जानते हो। उसने कहा, 'हाँ सर।' मैंने कहा, 'जनहित में झूठ बोलना ग़लत नहीं हैं। फिर तुम्हारा झूठ बोलना ग़लत कैसे हो सकता है। तुम्हारी पत्नी अगर पढ़ जाएगी, तो तुम्हारे पूरे परिवार को फ़ायदा होगा। वह मेरी बात मान गया। वर्षों बाद वे दोनों मुझसे मिलने आए, तो बार-बार कृतज्ञता प्रकट कर रहे थे।

- चाहे आप उच्चतर पद पर भी हों, यदि आप विद्वान या अपने विषय में माहिर नहीं हैं, तो आप अपने मातहतों से मनचाहा काम नहीं करा सकते। कुछ उदाहरण प्रस्तुत हैं।

- जब मैं शासकीय उच्चतर माध्यमिक विद्यालय, सुजर्मा में इंचार्ज प्राचार्य हुआ, तो दो घटनाएँ हुईं। कॉलेज में नया-नया प्रिंसिपल हुआ था, तो मेरे कॉलेज में ए.जी. द्वारा आडिट हुआ। संभागीय शिक्षा उपसंचालक ने मुझसे कहा कि मैं आपकी सहायता के लिए एक अनुभवी क्लर्क भेज देता हूँ। मैंने कहा कि मैं आडिट के जवाब देने के लिए सक्षम हूँ। मुझे किसी और की सहायता की आवश्यकता नहीं है।

मैंने आडिट वालों के लिए एक दिन के खाने की व्यवस्था कर दी और अगले दिनों के लिए कह दिया, 'मैं आप लोगों के लिए एक चपरासी की व्यवस्था कर देता हूँ। आप उसको पैसा देकर मनचाहा खाना बनवा सकते हैं। इस बात से वे काफ़ी चिढ़ गए। सभी जानते हैं कि ए. जी. वालों की खूब खातिरदारी की जाती है। उन्हें यह बात बहुत नागवार लगी कि एक इंचार्ज प्राचार्य इस तरह व्यवहार कर रहा है। मुझे छकाने के लिए उन्होंने ऑबजेक्शन पर ऑबजेक्शन लगाने शुरू कर दिए। मैंने सोच-समझकर बहुत सटीक उत्तर दिए। उनके कुछ ऑबजेक्शन तो बहुत हास्यास्पद थे कि उन्हीं को बाद में शर्मिंदा होना पड़ा। अंत में ऑबजेक्शन इतने कम रह गए कि मेरे बॉस शिक्षा उपसंचालक ने मेरे लिए एक प्रशंसा पत्र (letter of Appreciation) भेजा।

भारत में ज्ञान की जगह डिग्री का क्या महत्व है, इसके लिए एक सच्ची घटना सुनिए। मैं नागपुर विश्वविद्यालय में भाषाविज्ञान विभाग का अध्यक्ष था। रजिस्ट्रार ऑफिस से मेरे विभाग में एक टाइपिस्ट भेजा गया। कुछ दिनों के बाद पता चला कि उसे टाइप करना आता ही नहीं था। मैंने उस टाइपिस्ट को रजिस्ट्रार ऑफिस को वापस भेज दिया। पत्र में यह लिख दिया कि मुझे ऐसा टाइपिस्ट दीजिए, जिसको टाइप करना आता हो। रजिस्ट्रार ने वही व्यक्ति मेरे विभाग में यह कहकर वापस भेज दिया कि उसके पास टाइपिस्ट का सर्टिफ़िकेट है।

- ग्वालियर में अप्रैल 1969 में मुझे एक सज्जन मिले। उन्होंने कहा कि आपके कॉलेज से मेरा भतीजा सस्पेंड हुआ है। उसका सात साल का संस्पेंशन अलाउंस नहीं मिला है। मंगलवार का दिन था, मैंने कहा, 'अगले सोमवार को ले जाना।' उसने कहा, 'आप मज़ाक़ कर रहे हैं। यह कैसे संभव हैं? 7 साल का सस्पेंशन अलाउंस एक सप्ताह में कैसे मिल जाएगा?

मैं : क्यों नहीं, यह उसका अधिकार है।

मैं वहाँ से शिक्षा उपसंचालक के कार्यालय गया। वहाँ मैंने सस्पेंशन अलाउंस का नियम जाना।

दूसरे दिन मैं सुजर्मा पहुँचा और अपने क्लर्क को सस्पेंशन अलाउंस का बिल बनाने को कहा।

क्लर्क ने कहा, 'जो क्लर्क सस्पेंड हुआ हैं, उसका नाम आर. एल. पाठक हैं। सर, वह तो आया ही नहीं।'

मैं: यह उसका अधिकार हैं। उसके आने की ज़रूरत नहीं है।

क्लर्क को यह बुरा लगा और उसने इसे प्रिस्टिज इशू बना लिया। दूसरे दिन उसने एक सप्ताह की छुट्टी ले ली। मैंने भी इसे प्रिस्टिज इशू बना लिया। मेरे स्कूल में एक लैब अटेंडेंट था, जो क्लर्क का काम जानता था। मैंने उसकी सहायता से उसका सस्पेंशन अलाउंस ट्रेज़री से निकलवा कर पाठक तक पहुँचा दिया। पाठक उस समय भिंड में था। उस समय मुरेना और भिंड डाकू ग्रस्त क्षेत्र थे। इसलिए नियमानुसार मैं (प्राचार्य के रूप में), एक क्लर्क और दो सशस्त्र सिपाही इतनी बड़ी रक़म देने भिंड गए। उस समय पाठक क्लर्क जिला शिक्षा अधिकारी कार्यालय में अटैच था। उसको चपरासी भेजकर घर से बुलवाया गया। जैसे-जैसे यह खबर (कि बिना पाठक के जाए सात साल का सस्पेंशन अलाउंस 1190 रुपए घर बैठे मिल रहा है) कार्यालय में फैलती गई, वैसे-वैसे भीड़ इकट्ठी होती गई। लोगों को आश्चर्य हो रहा था कि क्या घर बैठे अलाउंस मिल सकता है। लोग मुझसे यही प्रश्न बार-बार पूछ रहे थे। मेरा एक ही उत्तर था कि यह तो उसका अधिकार है। मेरी बात लोगों के पल्ले नहीं पड़ रही थी, क्योंकि भारत में ऐसा बहुत कम होता है।

- जब मे सबलगढ़ में कन्या विद्यालय में इंचार्ज प्रिंसिपल था, उस समय होम साइंस में पाकशास्त्र की परीक्षा थी। खाना बनाने वाली एक लड़की अनुसूचित जाति की थी। उसने मुझसे

शिकायत की कि शर्मा नाम के टीचर ने मेरे हाथ का बना खाना नहीं खाया। आप उनके विरुद्ध कार्रवाई कीजिए। मैंने शर्मा जी से पूछा तो उनका उत्तर था कि उस दिन मेरा व्रत था। लड़की का कहना था कि मैं अब खाना बना देती हूँ, शर्मा सर अब खा लें। उस लड़की के चाचा कांग्रेस पार्टी से सबलगढ़ के विधायक थे। शर्मा जी मुझे उनके घर ले गए। शर्मा जी ने विधायक जी से कहा, 'क्या आप अपने से तथाकथित निम्न जाति के यहाँ खाना खा सकते हैं?'

विधायक : नहीं।

शर्मा जी : तब आप मुझसे यह आशा क्यों करते हैं कि मैं आपकी लड़की का बना खाना खाऊँ।

विधायक जी निरुत्तरित हो गए। अब कहने के लिए मेरे पास कुछ नहीं बचा था। भारत में छुआछूत का मामला बड़ा पेचीदा है। ऐसा नहीं है कि छुआछूत केवल सवर्णों के कारण है। अनुसूचित जातियाँ भी आपस में छुआछूत बरतती हैं।

जब मैंने नागपूर यूनिवर्सिटी में ज्वाइन किया, तो कई अनुभव हुए।

- एक प्रोफेसर की पत्नी को मेरे निर्देशन में यू. जी. सी. से साठ हज़ार रुपए की सीनियर फ़ेलोशिप मिल गई। मैंने देखा कि फ़ेलोशिप का दुरुपयोग बहुत होता है। प्रोफ़ेसर की पत्नी होने के घमंड में मैडम शोध का काम नहीं दिखाती थीं। मैंने कुलपति को बताया। उन्होंने कहा, 'रिपोर्ट कर दो।' मुझे यूनिवर्सिटी का ढर्रा पता था। इसलिए मैंने केवल इतना लिखा, 'मेरी दृष्टि से शोध छात्रा का कार्य संतोषजनक नहीं है। अतः मैं गाइड करना नहीं चाहता। इसलिए उन्हें दूसरा गाइड दे दिया जाए।' शोध छात्रा को लगा कि मेरे रिपोर्ट करने पर उनकी फ़ेलोशिप समाप्त हो

जाएगी। अतः छात्रा ने कुलपति को एक पत्र लिखा, 'मेरे गाइड को विषय नहीं आता और वे मेरे साथ अभद्र व्यवहार करते हैं। अतः मेरे लिए दूसरा गाइड नियुक्त किया जाए।' कुलपति ने एक वरिष्ठ प्रोफ़ेसर की अध्यक्षता में एक कमेटी बना दी। प्रोफ़ेसर ने छात्रा की रिपोर्ट कमेंट के लिए मेरे सामने रख दी। मैंने कहा, मुझे कुछ नहीं कहना है।' मैंने उस रिपोर्ट में दो शब्दों की वर्तनी की ग़लतियों पर लाल निशान लगा दिए। प्रोफ़ेसर मुस्कराए और छात्रा से कहा, 'आप की रिपोर्ट में आपके गाइड ने दो ग़लतियाँ निकाल दीं और आप कहती हैं कि इनको विषय नहीं आता। अच्छा यह बताइए कि इन्होंने आपके साथ क्या अभद्र व्यवहार किया। छात्रा रोने लगी और उत्तर दिया, 'मुझे लगा कि इन्होंने मेरे खिलाफ़ रिपोर्ट की है और मेरा फ़ेलोशिप बंद हो जाएगा। इसलिए मैंने इस तरह की रिपोर्ट कर दी।' प्रोफ़ेसर ने छात्रा को काफ़ी फटकारा और कहा, 'आप को अपने व्यवहार के लिए माफ़ी माँगनी चाहिए।'

■ सभी जानते है कि नागपुर यूनिवर्सिटी में बहुत बड़ा परीक्षा कांड हुआ था। इस कारण वर्षों तक यूनिवर्सिटी बहुत बदनाम रही। कुछ महीने पहले मैंने इसकी सूचना उप कुलगुरू को दे दी थी। मेरे एक थाई छात्र के एम. ए. सेकंड पेपर में नंबर कम आए। उसने पुनर्मूल्यांकन के लिए परीक्षा विभाग को ऐप्लाई किया। उसी दौरान मैं भाषाविज्ञान विभाग का हेड था। परीक्षा विभाग का एक क्लर्क उस छात्र की प्रथम पेपर की कॉपी जंचवाने के लिए मेरे पास आया। मैंने उस क्लर्क को यह कहकर वापस भेज दिया कि छात्र ने तो सेकंड पेपर के पुनर्मूल्यांकन के लिए ऐप्लाई किया है। दूसरे दिन वही क्लर्क वही कॉपी लेकर फिर आ गया और मुझसे अपमानजनक लहज़े में कहा, 'आपसे जो

कहा जा रहा है, वही किसी टीचर से करवा दीजिए। किस पेपर का मूल्यांकन होना है, यह काम देखना परीक्षा विभाग का है, आपका नहीं। इस अपमान को मैं उस समय तो सह गया और अपने एक टीचर से उस पेपर की कॉपी जँचवा दी। इसमें उसके बहुत अच्छे नंबर आए। दूसरे दिन छात्र का रिज़ल्ट आ गया। मार्कशीट में पहले पेपर के नंबर दूसरे पेपर में लिखे थे। मैं तत्काल प्रो-वाइस चांसलर के पास गया और इस घपले की जानकारी लिखित में दी। मेरे आग्रह पर उन्होंने वह रिज़ल्ट तो कैंसिल कर दिया। पर दुर्भाग्य से उन्होंने इस पर किसी के खिलाफ़ कोई ऐक्शन नहीं लिया। नतीजा यह हुआ कि इतना बड़ा कांड हो गया।

- एक दिन एक पुराना छात्र अमरावती से टी. सी. लेने आया। क्लर्क ने कहा कि एक सप्ताह बाद ले जाना। जब मुझे पता चला, तब मैंने समझाया कि टी. सी. तो 15-20 मिनट में बनता है। फिर इसको एक सप्ताह बाद क्यों बुला रहे हो। क्लर्क: सर, यही रूल है।

मैं : यह रूल कहाँ लिखा है?

क्लर्क : सर, लिखा तो कहीं नहीं है, पर कायदा यही है। मैंने तत्काल नोटिस निकाला कि टी.सी उसी दिन मिला करेगा । इस तरह मैंने कई परिवर्तन किए।

- पी. एचडी. की थीसिस की रूपरेखा (Synopsis) की स्वीकृति के लिए एक कमेटी होती है, जिसको डी. आर. सी. (Doctoral Research Committee) कहते हैं। इस कमेटी में डीन और बोर्ड ऑफ स्टडीज़ के चेयरमैन चुने हुए होते हैं। वे अपने विपक्ष के प्राध्यापकों के छात्रों की रूपरेखा को शत्रुता के कारण रिजेक्ट कर देते हैं। इससे छात्र को दुबारा फ़ीस भरकर रूपरेखा जमा

करना पड़ती है, जिसका निर्णय अगली मीटिंग में होता है। यह मीटिंग छह महीने बाद होती हैं। इससे छात्रों को बहुत नुकसान होता हैं। कभी-कभी उनके ऑब्जेक्शन बड़े मूर्खतापूर्ण होते हैं। जब मैं डीन बना, तब मैंने नियम को बदल दिया। कमेटी के सदस्यों से कहा, 'आप लोग पहले ऑब्जेक्शन लिखिए, फिर लिखित सुझाव दीजिए। छात्र अगली मीटिंग में आपके सुझाव के अनुसार रूपरेखा प्रस्तुत करेगा। उसको दुबारा फ़ीस नहीं देना पड़ेगी। मेरे निर्णय से कई लोगों की दुकानदारी बंद हो गई।

- एक और घटना देखिए। मेरी एक छात्रा इंटर्नशिप के लिए आकाशवाणी में जाती थी। वहाँ के एक अधिकारी कार्यालय में शराब पीकर आता था और महिलाओं के साथ अभद्र व्यवहार करता था। छात्रा ने मुझसे शिकायत की तो मैंने कहा, "यदि ऐसा करे, तो उसको पीट कर चली आना।' दूसरे दिन अफ़सर के अभद्र व्यवहार करने करने पर मेरी छात्रा ने मार-पीट तो नहीं की, पर हंगामा खड़ा कर दिया। दूसरे दिन उस अफ़सर ने कुलपति को एक पत्र लिखा कि एक ब्राह्मण लड़की ने एक दलित अफ़सर का अपमान किया है। इसलिए उसको रस्टीकेट किया जाए। अगले दिन दूसरा पत्र आया कि एक दलित अफ़सर का एक ब्राह्मण लड़की ने अपमान किया है, इसलिए उसको रस्टीकेट कर दिया जाए। कुलपति ने मुझपर दबाव डाला कि मैं छात्रा को रस्टीकेट कर दूँ। अब मैंने एक पत्र लिखा, जिसमें प्रमुख बातें ये थीं:--- 1. अमुक व्यक्ति एक गज़ेटेड अफ़सर है और दलित भी है। लेकिन गज़ेटेड अफ़सर दलित कैसे हो सकता है। 2. डॉ. बाबासाहब आंबेडकर के अनुसार हर स्त्री (चाहे वह किसी भी जाति की हो) दलित है। इसलिए यह दो दलितों के बीच का मामला है। इसकी पड़ताल किसी उच्च-स्तरीय कमेटी द्वारा की जाए।

इस पत्र की एक प्रति मैंने सूचना तथा प्रसारण मंत्री को भेज दी। कुछ ही दिनों बाद उस अफ़सर को सस्पेंड कर दिया गया। उसके बाद आकाशवाणी की कुछ महिलाएँ मुझे धन्यवाद देने आईं। उन्होंने बताया कि आकाशवाणी की सब महिलाएँ उस अफसर के अभद्र व्यवहार से परेशान थीं। लेकिन उसके खिलाफ़ कोई कार्रवाई करने की हिम्मत नहीं करता था क्योंकि वह अनुसूचित जाति का था।

- पत्रकारिता विभाग की एक छात्रा मुझसे कहती थी, "सर, मेरे वाइस चांसलर से अति घनिष्ठ संबंध हैं। मुझे टॉप करना है। आपके घर कब आऊँ?"

मैंने कहा, 'मई के बाद, जब प्रैक्टीकल के मार्क्स चले जाएँ।'

उसको यह उत्तर अपमानजनक लगा। उसने कहा, 'वाइस चांसलर आपको हेडशिप से हटा भी सकते हैं।'

'मेरे हेडशिप में आप टॉप नहीं कर सकतीं, क्योंकि आप डिज़र्व नहीं करतीं। बाक़ी आपको जो करना है ज़रूर कीजिए।'

बात आई-गई हो गई। महीनों गुज़र गए। अप्रैल में परीक्षा कंट्रोलर का मुझे फ़ोन आया, 'आप तुरंत मेरे ऑफिस आ जाइए।'

जब मैं ऑफिस पहुँचा, तब उन्होंने एक नोटशीट मेरे सामने रख दी। उसमें वाइस चांसलर ने प्रैक्टीकल के सब परीक्षक बदल दिए थे। यह देखकर मैं हक्का-बक्का रह गया। उस समय शाम के 5 बजे थे। दूसरे दिन से प्रैक्टीकल शुरू होने वाले थे। इतने अल्प समय में सब परीक्षकों को सूचित करना बहुत मुश्किल काम था। परीक्षा कंट्रोलर भी परेशान दिख रहे थे। उन्होंने कहा, 'ऐसा पहले कभी नहीं हुआ।' उस समय फ़ोन लैंड लाइन थे। मैंने कंट्रोलर से कहा, आप वाइस चांसलर को फ़ोन लगा दीजिए, मैं बात करूँगा। उन्होंने पहले थोड़ी आनाकानी की, फिर फ़ोन लगा दिया। मैंने कहा, 'सर, आपने जिन परीक्षकों को हटाया है, वे सब

सीनियर जर्नलिस्ट हैं, यदि पेपरबाज़ी हुई, तो आपकी कुर्सी ख़तरे में पड़ सकती है।' इतना कहकर मैंने फ़ोन रख दिया।

पाँच मिनिट बाद वाइस चांसलर का कंट्रोलर के पास फ़ोन आया, 'मैंने आपको जो नोटशीट भेजी थी, उसका क्या हुआ?'

'सर, मैं उसी पर कार्रवाई कर रहा हूँ।

'मुझे ऐसा लग रहा हैं कि इतनी जल्दी सबको सूचना मिल नहीं पाएगी। इसलिए वह नोटशीट मुझे वापस भेज दो।'

कंट्रोलर ने मुझसे कहा, 'मान गए सर।'

- पत्रकारिता विभाग के हेडशिप के दौरान वाइस चांसलर ने एक जर्नलिस्ट को विभाग में टीचर बनाने की सिफ़ारिश की। कुछ कारणों से मैं उनको लेना नहीं चाहता था। लेकिन वाइस चांसलर की बात माननी पड़ेगी। जब मैंने उन्हें वह पेपर दिया, जिसमें प्रैक्टीकल नहीं होता, तब वे जर्नलिस्ट फिर वाइस चांसलर के पास पेपर बदलवाने के लिए गए, तब वाइस चांसलर ने कहा, 'इसके लिए मैं सक्सेना जी से नहीं कह सकता। वे बहुत ज़िद्दी आदमी हैं।'

- एक मित्र ने एक लड़की के ऐडमिशन के लिए सिफ़ारिश की। वैसे उसका ऐडमिशन मेरिट के आधार पर हो गया। थोड़े दिनों के बाद किसी बात पर मित्र का उस लड़की से मनमुटाव हो गया, तब उन्होंने कहा, 'उस लड़की को फ़ेल कर दो।' मैंने ऐसा करने से मना कर दिया।

- मैं कई अकादमिक व प्रशासनिक पदों (पूर्व प्रोफ़ेसर, महात्मा गांधी अंतरराष्ट्रीय हिंदी विश्वविद्यालय (वर्धा), भाषा केंद्र, लखनऊ, पूर्व अधिष्ठाता, कला संकाय, नागपुर विश्वविद्यालय, नागपुर, पूर्व अध्यक्ष, भाषाविज्ञान, विदेशी तथा भारतीय भाषा

विभाग, नागपुर विश्वविद्यालय, पूर्व अध्यक्ष, जनसंचार विभाग, नागपुर विश्वविद्यालय) पर रहा, मुझसे ग़लतियाँ अवश्य हुई होंगी। लेकिन मैंने सिद्धांतों पर समझौता नहीं किया। पर यह भी सही है कि प्रशासनिक पदों पर शत प्रतिशत ईमानदारी से काम करना बहुत मुश्किल अवश्य है। इसके लिए मैंने न्यायिक प्रशासन (judicious administration) शब्द का प्रयोग किया है। इसको दो उदाहरणों से समझा जा सकता है।

- कुलपति ने एक पत्र लिखा कि अमुक छात्र का ऐडमिशन करा दीजिए।

मैंने वेटिंग लिस्ट देखी, तो उसमें उस छात्र का चौथा नंबर था। मैंने एक नोटशीट बनाई, जिसमे पाँच सीटें बढ़ाने की सिफ़ारिश की। वाइस चांसलर ने पूछा, 'यह क्या हैं?

'सर आपने जिस छात्र की सिफ़ारिश की हैं, वह इस वेटिंग में चौथा हैं।'

उन्होंने मुस्कराते हुए हस्ताक्षर कर दिए और कहा, 'सक्सेना जी, आपको ऐडमिनिस्ट्रेशन आता हैं।'

- इंग्लिश पेपर के एक एडिटर ने वाइस चांसलर को फ़ोन किया, 'बी. जे. ऐडमिशन के लिए आज आखिरी तारीख थी। मेरा एक जर्नलिस्ट पेपर के काम से वर्धा गया था, जब डिपार्टमेंट गया, तब तक ऑफिस बंद हो चुका था। कल ऐप्टिट्यूड टेस्ट हैं। आप हेड से कहकर उसका फार्म जमा करवा दीजिए। वाइस चांसलर ने मुझे ऑफिस बुलाया और कहा, 'इनका काम करा दीजिए।'

मैंने कहा, 'यह कैसे संभव है?'

वाइस चांसलर ने कहा , 'एडिटर का फ़ोन हैं। काम तो करना पड़ेगा।'

मैंने वाइस चांसलर की तरफ़ से एक प्रेस नोट बनवाया, 'जो कैंडीडेट आज फ़ॉर्म नहीं भर पाए हैं, वह कल सुबह 7.30 तक ऑफिस में जमा कर सकते हैं। ऐप्टिट्यूड टेस्ट 8 बजे से ही होगा।' यह सूचना मैंने सभी अख़बारों को भिजवा दी। दूसरे दिन उस कंडीटेड के अतिरिक्त दो और फ़ॉर्म आ गए। इस घटना से संबंधित एडिटर को इस बात का अहसास हो गया कि केवल उनके कैंडीडेट के लिए यह नियम नहीं बदला गया है।

- **Live in Rome like Romans**

इंग्लिश की इस कहावत का अर्थ है कि आप जहाँ भी रहें, वहीं के होकर रहें। मैंने सदैव इसका पालन किया। इसका मुझे भरपूर लाभ मिला। कोतमा से जब मेरा ट्रांसफर हुआ, स्टेशन पर इतने अधिक लोग फूल मालाओं के साथ विदाई देने आए कि प्रथम श्रेणी का डिब्बा फूलों से भर गया और एक सहयात्री ने मुझसे कहा कि ऐसा स्वागत मैं ने किसी नेता का भी नहीं देखा।

ऐसी ही एक घटना और घटी। 1985 में नागपुर विश्वविद्यालय में मेरा सिलेक्शन रीडरशिप पर नहीं हुआ। जब यह मामला एग्जीक्यूटिव काउंसिल में आया, तब हंगामा मच गया। उस समय काउंसिल में तीन गुट थे। तीनों गुटों के कुछ सदस्यों ने मेरा समर्थन किया, जबकि बहुमत मेरे विरोध में था। कुलपति ने मेरा पक्ष लिया। मेरी नियुक्ति नहीं हो सकती थी, क्योंकि मेरा नाम नहीं था। लेकिन कुलपति ने किसी की भी नियुक्ति नहीं की। नागपुर विश्वविद्यालय के इतिहास में यह अकेला ऐसा केस था। मेरी योग्यता और लोकप्रियता को देखते हुए कुलपति ने मुझे पत्रकारिता विभाग का हेड बना दिया।

धर्म

संस्कृत में धर्म के कई अर्थ हैं। इसलिए इंग्लिश के 'religion' के लिए 'पंथ' अनुवाद अधिक ठीक होगा। संसार में सैकड़ों पंथ हैं, जो ईश्वर या किसी दैवी सत्ता में विश्वास करते हैं। जो इन किसी में विश्वास नहीं करते, उनको नास्तिक कहा जाता है। नास्तिक अपने अहंकार का शिकार बनकर रह जाता है। वह स्वयं को ही कर्ता मानता है और खुद को ही सब कुछ समझता है। दूसरी ओर, आस्तिक व्यक्ति भय मनोवृत्ति (फीयर साइकोसिस) से ग्रसित रहता है। उसे देवताओं, भाग्य, कर्मफल, पाप-पुण्य, झूठ-सच , सही-ग़लत का डर सताए रहता है। उसके हाथ सदैव जुड़े रहते हैं। किसी दैवी भय अथवा अनुकंपा से वह सकारात्मक और नकरात्मक विचारों और मूल्यों के चक्रव्यूह में फँसा रहता है, जबकि प्रकृति में अच्छा बुरा कुछ होता ही नहीं है। एक निरंतर प्रक्रिया चलती रहती है सृजन और विनाश की, जिसमें अच्छे या बुरे (पुण्य-पाप) की धारणा निरर्थक है। हाँ, क्योंकि हमें समाज को व्यवस्थित रखना है, अतः हमें बहुत सी रेखाएँ तो खींचनी पड़ती हैं। प्रकृति में परिवर्तन स्वाभाविक प्रक्रिया है।

धर्म किसी न किसी प्रकार की अति मानवीय या अलौकिक शक्ति पर विश्वास है, जिसका आधार भय, श्रद्धा, भक्ति तथा पवित्रता की धारणा है और जिसकी अभिव्यक्ति प्रार्थना, पूजा, या आराधना है। अतः एक विशेष शक्ति पर विश्वास है और यह शक्ति मानव शक्ति से आवश्यक रूप से श्रेष्ठ होती है। परंतु केवल विश्वास से ही धर्म संपूर्ण नहीं होता। इस विश्वास का एक भावनात्मक आधार भी होता है, जैसे उस शक्ति के संबंध में भय या उसके दंड का भय। साथ ही उस शक्ति के प्रति श्रद्धा, भक्ति या प्रेम-भाव भी धर्म का एक आवश्यक संवेदनात्मक अंग है। उस शक्ति से लाभ उठाने के लिए और उसके कोप से बचने के लिए प्रार्थना, पूजा या आधारना करने की विधियाँ और संस्कार भी होते हैं। इन धार्मिक क्रियाओं में हर एक समाज में अलग-अलग धार्मिक प्रतीकों, जादू-टोने, कथाओं आदि का समावेश रहता है। जिस शक्ति पर विश्वास किया जाता है, उसका रूप भी प्रत्येक समाज में अलग-अलग होता है। यह सच है कि धर्म लाखों लोगों को शांति प्रदान करता हैं। इससे बड़ा सच यह हैं कि संसार में हिंसा का सब से बड़ा स्रोत भी धर्म ही है।

धर्मशास्त्र, धर्मोपदेश, वैचारिक नीति विज्ञान सत्याधारी व शक्तिशाली व्यक्तियों के द्वारा अपनी सुविधानुसार लिखे या लिखवाए जाते हैं और वही प्रतिपादित भी किए जाते हैं। जन्म से ही हमें बनावटी संस्कारों, विश्वासों, आस्थाओं, आदि से इस कदर बोझिल कर दिया जाता है या हमारा 'ब्रेन वाश' हो जाता है कि हम सिर्फ रटा-रटाया ऐक्टिंग ही किए जाते हैं, असली प्राकृतिक जीवन कभी नहीं जी पाते। मुक्ति, मोक्ष आदि के फार्मूले बताने वाले खुद ही विरोधों में उलझे हुए हैं कि उन्हें स्वयं ही नहीं पता कि वह क्या कह रहे हैं। सब खंडन-मंडन में लगे हैं। अंधे लोग हाथी के रूप को अपने ढंग से परिभाषित करते हैं।

सभी धर्मों के ग्रंथों पर समीक्षात्मक और आलोचनात्मक कार्य करने वाले दर्जनों की संख्या में रहे हैं। लेकिन इनमें अधिकांश की

दृष्टि श्रद्धा भाव और धार्मिकता की संकीर्णताओं में उलझी दिखाई देती हैं। यही कारण हैं कि धार्मिक ग्रंथ को त्रुटिहीन और अलौकिक मान लिया जाता हैं। इसलिए इनका निष्पक्ष निरूपण नहीं हो पाता। लेकिन हर धर्म में ऐसे विद्वान हुए हैं जो अपने धर्मों के ग्रंथों को अलौकिक मानते हुए भी अपनी निष्पक्ष दृष्टि, गवेषणा और वैचारिकता के आलोचनात्मक कपाट को बंद न करके एक निष्पक्ष दृष्टि अपनाई है। इंग्लैंड में डरहम के बिशप ने कहा था कि कुमारी मेरी से ईसा का जन्म ऐतिहासिक घटना नहीं, बल्कि पौराणिक व प्रतीकात्मक है। हिंदू धर्म में भी ऐसे कई लोग हैं, जो देवी-देवताओं को प्रतीकात्मक ही मानते हैं।

धर्मांधता के कारण इतिहास में दूसरे धर्मों की पुस्तकों या पूरा पुस्तकालयों को जलाने के प्रमाण मिलते हैं। कुछ अतार्किक बातें हर धर्म की पुस्तकों में मिल जाती हैं।

धर्म और नैतिकता

धर्म और नैतिकता में कोई स्वाभाविक रिश्ता नहीं है। धार्मिक व्यक्ति अनैतिक हो सकता है और नास्तिक नैतिक हो सकता है। इस बात की पुष्टि के लिए अकबर इलाहाबादी ने ठीक ही कहा है:-

पंडित को भी सलाम और मौलवी को भी, मज़हब न चाहिए मुझे, ईमान चाहिए। किसी अन्य उर्दू शायर ने कहा है:-

मस्जिद तो बना दी पल भर में, ईमाँ के हरारत वालों ने,

दिल अपना पुराना पापी था, बरसों में नमाज़ी हो न सका।

मैं ऐसे दो मित्रों को जानता हूँ, जो नास्तिक हैं और बहुत ईमानदार हैं।

अति धार्मिकता के दो उदाहरण देखिए

▪ बहुत पहले की घटना है। सरकारी ट्रेज़री की रक्षा के लिए एक सशस्त्र सिपाही तैनात रहता था। उसको आदेश था कि यदि उसको किसी पर शंका है, तो उसको चेतावनी दे। यदि अजनबी का व्यवहार संदेहात्मक है, तो उसको गोली मार दे। उस समय बिजली थी नहीं। रोशनी का बहुत इंतज़ाम होता नहीं था। एक रात एक लड़का पास में पेशाब करने बैठ गया। सिपाही ने तीन बार चेतावनी दी -हुक्म सदर (कौन है?) लड़का जनेऊ पहने था। ऐसे में बोल नहीं सकता था। शंका के आधार पर उसको गोली मार दी गई।

▪ **सूर्य नमस्कार:-** यह 12 योग आसनों का एक समूह है। इन आसनों के अलग-अलग नाम भी हैं। इन आसनों के करने के पूर्व एक मंत्र पढ़ा जाता है, जिसमें सूर्य (सूर्य के 12 पर्यायवाची शब्दों के साथ) को नमन किया जाता है। मुसलमान इन आसनों का इस आधार पर विरोध करते हैं कि उनके पंथ में ईश्वर को छोड़कर किसी को नमन करना मना है। प्रश्न यह है कि ये आसन (शारीरिक मुद्रा) हैं, इनको सूर्य को नमस्कार किए बिना भी किया जा सकता है। यह बात हिंदू और मुसलमान दोनों को समझ लेना चाहिए। पर मुश्किल यह है कि इसको धर्म से जोड़ दिया है, इसलिए कौन समझाए और कौन समझेगा।

अनुष्ठान/कर्मकांड

हर पंथ में कुछ अनुष्ठान और कर्मकांड जुड़ते जाते हैं, जबकि वे मूल पंथ के हिस्सा नहीं होते। लेकिन उस पंथ को मानने वाले उनको बड़ी कट्टरता से निभाते हैं। आगे चलकर ये कर्मकांड कुरीतियों में बदल जाते हैं। सभी धर्म प्रचार यह करते हैं कि मज़हब नहीं सिखाता आपस में बैर

करना, क्योंकि सब जानते हैं कि लोगों को धर्म न मानने का कहना लगभग असंभव है। इसलिए प्रचार ऐसा ही करो। जानते सभी हैं कि मज़हब के नाम पर कितने युद्ध हुए हैं, मारकाट हुई है, दंगे हुए हैं। कुछ उदाहरण देखिए। बांगला देश में किसी ने कुरान शरीफ को देवी के पंडाल में रख दिया और मुस्लिमों को हिंदुओं को मारने का बहाना मिल गया। कभी अफवाह उड़ जाती है कि अमुक स्थान पर गोमांस बिक रहा है। सांप्रदायिक दंगों के लिए इतना पर्याप्त है।

नास्तिकों के तर्क:- संसार में बहुत से लोग ईश्वर को नहीं मानते। आजकल इनकी संख्या बढ़ती जा रही है। कम्युनिस्ट ईश्वर को नहीं मानते। जब रूस (सोवियत यूनियन) पूरी तरह कम्यूनिस्ट था, तब स्कूल में ऐसी शिक्षा दी जाती थी कि ईश्वर नहीं है। 1973 में नागपुर विश्वविद्यालय में रूसी भाषा सिखाने के लिए रूसी प्रोफ़ेसर ही आता था। मैं उससे रूसी सीखता था। थोड़े दिनों के बाद उससे मेरी दोस्ती हो गई। हम लोग एक दूसरे से प्रश्न पूछते रहते थे। मैं उससे पूछता था, 'जब आप बीमार होते हैं या और कोई तकलीफ़ होती है, तो आप किस को याद करते हैं?'

रूसी:- 'डॉक्टर को। वह दवा देकर हमारी पीड़ा को समाप्त करता है या कम करता है। अच्छा यह बताइए कि क्या आपका भगवान आपको बिना डॉक्टर की दवा से ठीक कर देता है।'

ख़ामोशी ही मेरा उत्तर होता।

रूसी कहता, 'मनुष्य ने ईश्वर बनाया है। मनुष्य पहले भगवान की मूर्ति बनाता है, फिर उसी मूर्ति से वरदान माँगता है। कितना हास्यास्पद है। द्वितीय विश्व युद्ध में इंग्लैंड के चर्चों में इंग्लैंड के जीतने की प्रार्थना की जा रही थी और उसी समय जर्मनी के चर्चों में जर्मनी के जीतने की प्रार्थना की जा रही थी। ईश्वर किसी एक की ही सुनेगा। (हँसकर) सक्सेना, आप अपनी चिंता करो, कहीं ईश्वर नाराज़ न हो

जाए। आपका ईश्वर हमारा तो कुछ बिगाड़ ही नहीं सकता, क्योंकि हम उसके ज्यूरिसडिकशन में ही नहीं आते।' कुछ नास्तिकों का कहना है कि पहले अपने डराने के लिए हमने भूत-प्रेत बनाए, फिर उन्हें डराने के लिए हनुमान जी बना लिए। मनुष्य ही मूर्ति बनाता है और फिर उसी मूर्ति से वरदान माँगता है। यह कैसी विडंबना है।

भजन:- भजनों में देवता विशेष के शारीरिक गुणों का बखान होता है और बाद में यह बता दिया जाता है कि इस भजन के गाने से सुख-संपत्ति आएगी या सीधा स्वर्ग जाएगा। जो लोग ईश्वर को निराकार मानते हैं, वे भी प्रार्थना में उसे साकार बना देते हैं। आर्य समाज की प्रार्थना या आरती (ॐ जय जगदीश हरे) में ईश्वर को साकार बना दिया जाता है (अपने हाथ उठाओ द्वार पड़ा तेरे)।

ईश्वर की याद:- गरीबों और साधनहीनों के लिए ईश्वर की अधिक ज़रूरत होती है। जब मैं अमेरिका के फॉसटर सिटी में था, वहाँ पास में चर्च था। वहाँ कई भारतीय आते थे। मैं भी चला जाता था। वहाँ सभी दक्षिण एशिया के लोग आते थे। एक भी अमेरिकन दिखाई नहीं दिया। बहुत पहले जब मैं किसी काम से सरकारी दफ़्तर जाता था, तब घर से निकलते समय प्रार्थना करता था, 'हे भगवान, आज संबंधित क्लर्क अपनी कुर्सी पर मिल जाए।' आज जब ऑन लाइन काम हो जाता है। अब भगवान की याद नहीं आती। धर्म के मामले में 'भावनाओं को ठेस' लगने वाली बीमारी हमारे देश में इस समय कुछ अधिक ही है। जो लोग अपने को बुद्धिजीवी कहते हैं, कम से कम उनको तो अपनी बुद्धि और कॉमनसेंस से सोचना चाहिए। धर्म कोई भी हो, आज के युग में लगभग असंगत (irrelevant) है। प्रजातंत्र में हर व्यक्ति समान है। जाति, लिंग, धर्म, भाषा आदि के आधार पर किसी के साथ भेद-भाव नहीं किया जा सकता। हमारा संविधान भी करीब-करीब इसी भावना को व्यक्त करता है। व्यक्ति के लिए धर्म

बना है। धर्म के लिए व्यक्ति नहीं। समय-समय पर यह नारा सुनने को मिलता रहता है कि मज़हब ख़तरे में है। जब मज़हब ही ख़तरे में है, तो ऐसे मज़हब को मानने का लाभ ही क्या है? मंदिर और मस्जिद की सुरक्षा में करोड़ों रुपए खर्च किए जा रहे हैं। इतने धन से हमारे गरीबों को भोजन मिल सकता है। जो भगवान अपने घरों की रक्षा नहीं कर पा रहा है, वह हमारे घरों की क्या रक्षा कर पाएगा। यह बात वर्षों पहले आर्यसमाज के संस्थापक श्री दयानंद सरस्वती ने कही थी। हर व्यक्ति अपने धर्म या मज़हब को वैज्ञानिक मानता है। लेकिन कभी विज्ञान अपने को धार्मिक नहीं कहता। शोध से यह सिद्ध हो चुका है कि अधिक धार्मिक देशों में आविष्कार बहुत कम होते हैं। जैसे-जैसे विज्ञान आगे बढ़ रहा है, वैसे-वैसे मनुष्य को उदार और विवेकशील होना चाहिए था, लेकिन हो उल्टा रहा है। लोगों में धार्मिक कट्टरता बढ़ रही हैं और सहनशीलता घट रही हैं। अधिकतर लोग पूर्वाग्रह से इतने ग्रस्त रहते हैं कि उनको सरल से सरल बात समझ में आ भी जाए, तो भी समझना नहीं चाहते।

गैलिलियो ने कहा था कि दुनिया गोल है और सूर्य के चारों ओर घूमती है। क्योंकि यह बात बाइबल के विरुद्ध है, इसलिए गैलिलियो को पोप ने यातना दी थी। लगभग 600 वर्षों के बाद एक पोप ने गैलिलियो से माफ़ी माँगी। इससे गैलिलियो को तो कोई फ़र्क नहीं पड़ेगा। लेकिन यह अति आवश्यक है। यह शुभ लक्षण है। यह आने वाले लोगों को यह एक नज़ीर भी हो सकती है। 31-5-17 के टाइम्स ऑव इंडिया में यह समाचार पढ़ा कि कनाडा के प्रधानमंत्री जस्टिन त्रुदो (Justin Trudean) ने पोप फ्रांसिस से निवेदन किया कि वे कनाडा आएँ और वहाँ के आदिवासियों से माफ़ी माँगें, क्योंकि कैथोलिक चर्च के स्कूलों में आदिवासी बच्चों के साथ अच्छा व्यवहार नहीं हुआ। उनकी अपनी पारंपरिक संस्कृति और उनकी अपनी भाषाओं को समाप्त कर दिया

गया। प्रधानमंत्री का कहना है कि इस कृत्य से आदिवासियों के बच्चों में देश की मुख्य धारा में विश्वास बढ़ेगा। प्रधानमंत्री का कहना हैं कि पोप को कनाडा में ही आकर माफ़ी माँगना चाहिए। कनाडा के Truth and Reconciliation Comission ने एक रिपोर्ट तैयार की थी। उसके अनुसार यह चर्च का कृत्य सांस्कृतिक हत्या/संहार (Cultural Genocide) है। 8 जून 2021 तक पोप ने दुख प्रकट तो किया, पर माफ़ी नहीं माँगी।

विज्ञान और प्रजातंत्र के इस युग में होना तो यह चाहिए था कि हर व्यक्ति को किसी भी धर्म की आलोचना करने की छूट होनी चाहिए। यदि लोग तर्क से काम लें, तो किसी के धर्म की आलोचना से सहिष्णुता तो बनी रह सकती है।

ऐसा नहीं है कि अतार्किकता धर्म के कारण ही बढ़ी है। साम्यवादी सरकारों ने भी असहिष्णुता को बढ़ावा दिया। इस संबंध में दो उदाहरण देना समीचीन होगा। साम्यवादी रूस में यह माना जाता था कि व्यक्ति के व्यक्तित्व पर आनुवंशिकता (heredity) का कोई असर नहीं होता, सब वातावरण और परिस्थितियों पर निर्भर करता है। वहाँ के एक वैज्ञानिक ने यह शोध किया कि मनुष्य के व्यवहार पर पैत्रिकता का भी प्रभाव पड़ता है। क्योंकि यह बात साम्यवादी विचारों के विरुद्ध पड़ती थी, इसलिए उन्होंने इस शोध को दबा दिया। आजकल यह शोध सर्वमान्य है। क्या साम्यवादी देशों ने माफ़ी माँगी?

संसार ज्ञान का भंडार है। कोई भी व्यक्ति अपने जीवन काल में कितना ही ज्ञान प्राप्त कर ले, पर वह एक अणु के समान है। यह बात लोगों को स्वीकार करने में तकलीफ़ होती हैं और वे अणु समान ज्ञान के आधार पर दूसरों का मूल्यांकन करते हैं। मनुष्य जो ज्ञान प्राप्त करता है, वह उसकी इच्छा से नहीं होता, वह ज्ञान उसके माँ-बाप, उसके स्कूल, उसके धर्म से जो भी प्राप्त होता है, उसे वह श्रेष्ठ मान लेता

है। यहाँ मैं अपनी बात को स्पष्ट करने के लिए दो बाल कविताओं का ज़िक्र करूँगा:-

1. मछली जल की है रानी,

   जीवन उसका है पानी

   हाथ लगाओगे, तो डर जाएगी

   बाहर निकालोगे तो मर जाएगी।

2. मछली का बच्चा, पानी में फिसला, बड़ा मज़ा आया।

   पापा ने पकड़ा, मम्मी ने पकाया।

   सब ने खाया, बड़ा मज़ा आया।

प्रथम गीत उस संस्कृति का है, जिसमें मछली की पीड़ा को सहृदयता से समझा गया है। हिंदी साहित्य में भी इस तरह के उदाहरण दिए जाते हैं कि नायिका पिया के वियोग में उसी प्रकार तड़पती है जिस प्रकार 'जल बिन मछली।' दूसरी बाल कविता एक ऐसे समाज की है जहाँ मछली को मारना और उसको खाना सामान्य बात है। मौलिक प्रश्न यह है कि यह निर्णय लेने का अधिकार किसको है कि कौन सही है और कौन ग़लत। बचपन में पड़े संस्कारों का प्रभाव इतना गहरा और स्थायी होता है कि उसको बाद में तर्क द्वारा नकारना लगभग असंभव हो जाता है। अधिकतर लोग अपने इन्हीं दुराग्रहों के साथ जीवन काट देते हैं। कुछ लोग बाद में उदार भी हो जाते हैं।

मृत्यु के बाद क्या होता है, कोई जान ही नहीं सकता। फिर भी हर पंथ वालों ने अनुमान से अलग-अलग संस्कार (रीति-रिवाज) बना रखे हैं। यदि कोई समझदार आदमी इनको न मानना चाहे, तो बहुमत उसको डरा-धमका कर वैसा करने के लिए बाध्य कर देता है।

अज्ञानता का हेत्वाभास (Fallacy of Ignorancia)

दूसरे की अज्ञानता का लाभ उठाने को **अज्ञानता का हेत्वाभास कहते** हैं। हर पंथ का पुरोहित वर्ग, जो अपने को अपने पंथ का ठेकेदार मानता है, आम जनता की अज्ञानता का लाभ उठाता रहता है। जैसे, अमुक शास्त्र में यह लिखा है। शास्त्र अधिकतर प्राचीन अप्रचलित भाषा में होते हैं, जिसे आम आदमी नहीं समझता। इसलिए आम आदमी विश्वास कर लेता है।

मेरे एक सहपाठी ने, जो पुरोहिती करने लगा था, एक सच्ची घटना सुनाई। नाम छुपाने के कारण उसका नाम महेश रख लेते हैं। महेश एक किसान के घर पूजा कराने गया। वह घर से शालिग्राम की बटिया लाना भूल गया। इसपर किसान नाराज़ हो गया। महेश ने किसान को डांट दिया और कहा, 'तुम्हारे घर में तो शालिग्राम की बटिया होगी? किसान ने एक छोटा पत्थर लाकर दे दिया। महेश ने उस पत्थर को एक बोतल में रखे पानी (जिसे वह गंगाजल बता रहा था।) से धोया। इस कार्य के लिए महेश ने सवा रुपया वसूल लिया।

मेरे मित्र का कहना था कि जब तक लोग अज्ञानी रहेंगे, हम पनपते रहेंगे।

मृत्यु के बाद

मृत्यु अवश्यंभावी है। मौत के बाद क्या होता है, कोई नहीं जानता और जान भी नहीं सकता। धर्म के ठेकेदार सबसे अधिक इसी का लाभ उठाते हैं। फिर भी ऐसे लोग भी हैं, जो सही रास्ता दिखाते हैं।

एक बार **भगवान बुद्ध** से मलुक्यपुत्र ने पूछा, 'भगवन, आपने आज तक यह नहीं बताया कि मृत्यु के उपरांत क्या होता है!' उसकी बात सुनकर बुद्ध मुस्कुराए। फिर उन्होंने उससे पूछा- 'पहले मेरी एक बात

का जवाब दो। अगर कोई व्यक्ति कहीं जा रहा हो और अचानक कहीं से आकर एक विष बुझा बाण घुस जाए, तो उसे क्या करना चाहिए? पहले शरीर में घुसे बाण को निकालना ठीक रहेगा या फिर यह देखना कि बाण किधर से आया है और किस को लक्ष्य कर मारा गया है!' मलुक्यपुत्र ने कहा- 'पहले तो शरीर में घुसे बाण को तुरंत निकालना चाहिए, अन्यथा विष पूरे शरीर में फैल जाएगा।' भगवान बुद्ध ने कहा- 'बिल्कुल ठीक कहा तुमने। अब यह बताओ कि इस जीवन के दुखों के निवारण का उपाय किया जाए या मृत्यु के बाद की बातों के बारे में सोचा जाए।' मलुक्यपुत्र की जिज्ञासा शांत हो गई।

ख़लीफ़ा हज़रत अबूबकर के जीवन के अंतिम दिनों की बात है। मृत्यु से कुछ क्षण पूर्व अबूबकर ने अपनी बेटी आयशा से कहा, 'बेटी, हमारे मज़हब की परंपरा है कि कफ़न में तीन कपड़े हों। इनमें से दो चादरें, जिनका मैं इस्तेमाल करता हूँ, इन्हें कफ़न के काम में लिया जाए। केवल एक नई चादर खरीदी जाए, जो हाड़-मांस के इस शरीर को ढकने के काम आए। बेटी आयशा ने आँखों में आँसू भरकर कहा - 'अब्बा जान, आप ऐसी बातें क्यों कर रहे हैं। हमारी माली हालत इतनी ख़राब तो नहीं है कि हम कफ़न के लिए नए कपड़े न खरीद सकें।' इस पर अबूबकर ने जवाब दिया- 'बेटी, मुर्दे को नए-पुराने कपड़े से कोई फ़र्क नहीं पड़ता, लेकिन नए कपड़ों से किसी ज़िंदा आदमी का तन ढका जा सकता है।'

मेरे ताऊ जी की मृत्यु के बाद उनकी तेरहवीं हो रही थी। मेरे तयेरे भाइयों ने पंडित जी को ज़रूरत का लगभग सभी सामान दिया। पिता जी ने पंडित जी से पूछा कि इस सामान का क्या होगा।

पंडित जी ने कहा कि ये सब सामान आपके बड़े भाई के पास पहुँच जाएगा। पिता जी ने कहा, 'मेरे भाई जिन चीज़ों को पसंद करते थे, वे तो आप ले ही नहीं जा रहे हैं।

पंडित जी ने कहा, 'जो रह गया हो, वह आप दे दीजिए।'

पिता जी : 'मेरे भाई को दो चीज़ें बहुत पसंद थीं।

पंडित जी : 'लाइए, वे आप दे दीजिए।

पिता जी : 'गोश्त और भाभी'।

यह सुनते ही पंडित जी भाग निकले। पिता जी ने ये बातें मज़ाक़ में ही कहीं थीं, क्योंकि भाभी से मज़ाक़ बहुत लोकप्रिय है। लेकिन मुझे इस वार्तालाप में बहुत सार लगा। ग़नीमत है कि पुरोहितों ने मृतकों की पत्नियाँ माँगना शुरू नहीं किया। वरना धर्म के नाम पर कुछ भी किया जा सकता था।

मैंने अपनी अंतिम इच्छा (Will) में लिख दिया है कि मेरे मरने के बाद नेत्र दान किया जाए, अन्य कोई अंग किसी के काम आ रहा हो, उसको भी निकाल लिया जाए, फिर बिजली शव गृह में जला दिया जाए। कोई कर्मकांड न किया जाए। केवल मेरे नाम पर अनाथालय में भोजन और दान किया जाए।

धर्म मनुष्य को आशावादी बनाता है। फिर भी संसार में निराशावादी तो हैं। उनका दृष्टिकोण देखिए:- व्यर्थता (futility) जीवन का परम सत्य है। सिसिफस की तरह हम श्रापित ज़िंदगी जीते हैं। सिसिफस को श्राप था कि वह भारी गोल चट्टान को धकेलकर पर्वत के शिखर तक पहुँचाए और पुनः उसे धकेलता हुआ देखे। पुनः वह दूसरी गोल चट्टान को धकेलता हुआ शिखर पर ले जाने में पूरा दम-खम लगाता रहे और यह क्रम अनंत काल तक चलता रहा था। यही इंसान की नियति है। श्री कृष्ण ने महाभारत रचाया। अनेक महारथियों को युद्ध की अग्नि में झोंक दिया। संपूर्ण महाभारत के परिचालन का उद्देश्य था एक अखंड धर्माधारित राष्ट्र के स्वप्न के निर्माण को पूरा होने के लिए अथक प्रयत्न करना। पूरा स्वप्न खंड-खंड हो गया। पांडवों को वैराग्य हो गया

और हिमालय में हिम समाधिस्थ हुए। कृष्ण की अपनी द्वारिका सागर में समा गई और स्वयं वे बूढ़े असहाय नितांत अकेले एक बहेलिये द्वारा सूने जंगल में मार दिए गए। कर्म हमारी गति है और उनको टूटता, फूटता, विखरता देखना हमारी नियति। फिर भी मानव अपनी जिजीविषा को कभी नहीं छोड़ता। अस्तु, उम्मीद का ध्वज लिए हम दृढ़ता एवं साहस के साथ अग्रसर हुए जाते हैं। सिसिफस को सदैव यह विश्वास बना रहना चाहिए कि एक न दिन वह उस विशाल गोल चट्टान को पर्वत शिखर पर स्थापित करके ही रहेगा। आखिरकार हम रिले रेस के प्रतिभागी हैं। हम दौड़ते रहते हैं किसी मंज़िल को पाने के लिए। हमारे बाद यह काम हम अपने बच्चों को पकड़ा देते हैं और यह क्रम चलता रहता है –चरैवेति।

नोट:- भारत के लोग उत्सव प्रेमी हैं। यहाँ त्यौहार भी बहुत अधिक हैं। हर त्यौहार एक उत्सव होता है। मेरा अनुभव है कि जब उत्सव बंधन मुक्त आनंद देता है, तब तक बहुत अच्छा है। लेकिन यदि उत्सवों को अनुष्ठानों और कर्मकांडों के बंधनों से जकड़ दिया जाता है, तो ये ही उत्सव प्रत्यक्ष रूप से न सही, अप्रत्यक्ष रूप से दुखदाई हो जाते हैं। इसमें ग़रीब आदमी सबसे अधिक प्रताड़ित होता है। इससे त्यौहार का मूल उद्देश्य ही समाप्त हो जाता है। उदाहरण से समझिए। ग़रीब आदमी उधार लेकर कोई त्यौहार अनिवार्य समझकर मनाता है या संबंधी का अंतिम संस्कार और मृत्यु भोज में खर्च करता है। उधार चुकाने में अपनी ज़िंदगी को नरक बना लेता है। मौत की सच्चाई को समझने के लिए हिंदी उपन्यास सम्राट की 'कफन' कहानी अवश्य' पढ़ें।

अधिकतर लोग ऐसा समझते हैं कि विज्ञान और धर्म में विरोधाभास है। स्वामी बुधानंद ने एक पुस्तक लिखी हैं- 'CAN ONE BE SCIENTIFIC AND YET SPIRITUAL.' यह पुस्तक कोलकाता से 1973 में प्रकाशित हुई। उन्होंने कई विद्वानों को उद्धरित किया हैं। यहाँ मैं उस पुस्तक से कुछ उद्धरण दे रहा हूँ:-

Whitehead is of the view that to regain its old power religion will have to learn to 'face change in tha same spirit as science does' With that progress of scientific knowledge there should be 'unceasing codification of religious thought to the great advantage of religion.' (Science and the Modern World)

विश्व प्रसिद्ध वैज्ञानिक आइंस्टीन ने अपनी पुस्तक, 'Out of My Later years' में लिखा है कि विज्ञान और धर्म में आपसी समझ होनी चाहिए। उनके अनुसार धर्म रहित विज्ञान लंगड़ा है और विज्ञान रहित धर्म अंधा है। (Science without religion is lame and religion without science is blind.)

यह दुर्भाग्यपूर्ण है कि धर्म ने विज्ञान का लाभ नहीं उठाया।

The goal of religion according to Swami Vivekananda, 'is to manifest the Divine within, by controlling Nature, external and internal'' 'and be free!'

स्वामी विवेकानंद के अनुसार जो धर्म तर्क को संतुष्ट नहीं कर सकता, वह धर्म नहीं हो सकता। उनके अनुसार हर विषय का अपना अनुशासन (Discipline) होता हैं। उस विषय को सीखने के लिए उस अनुशासन को मानना ज़रूरी होता है।

स्वामी विवेकानंद Surface Scientist और Surface spiritual शब्दों का प्रयोग करते हैं। ऐसे वैज्ञानिक और ऐसे अध्यात्मिक एक दूसरे के विषय का अनुशासन मानने को तैयार नहीं होते, इसलिए एक दूसरे का विषय नहीं समझ पाते।

वसुधैव कुटुम्बकम् में तिरस्कृत प्राणी

(भरे-पुरे घर में नंगे-भूखे प्राणी)

हम भारतीय अपनी सहिष्णुता और उदारता पर गर्व करते हैं। प्राचीन काल से प्रचार के लिए हम कहते आ रहे हैं कि पूरा संसार ही हमारा परिवार है। लेकिन वास्तविकता में हमने अपने परिवार से शूद्रों और महिलाओं को अलग रखा। इस वास्तविकता को तुलसी दास जी इन शब्दों में बयाँ करते हैं:-

पूजिय बिप्र ज्ञान गुन हीना। सूद्र न गुन-गन ज्ञान प्रवीना।।

धर्म के नाम पर महिलाओं को जलाया गया और सती प्रथा को महिमा मंडित किया गया और शूद्रों के साथ अमानवीय व्यवहार किया गया।

जाति प्रथा और छुआछूत

ये दोनों ही हिंदू धर्म के कलंक हैं। खुले में इनकी प्रशंसा तो कोई नहीं करेगा। लेकिन कुछ लोग यह तर्क देते हैं कि प्राचीन काल में जातियाँ कर्म पर आधारित थीं। जो भी हो, आज तो ये जन्म पर ही आधारित हैं। आर्य समाज के संस्थापक महर्षि दयानंद सरस्वती ने बहुत कोशिश की कि जाति प्रथा समाप्त हो जाए। इसमें वे सफल नहीं हो पाए, जबकि उनके बहुत से सुधार सफल रहे। कबीर के इस कथन (बाबन तू बमनी जाया, आन रास्ता काहे न आया।) का जनता पर कोई प्रभाव नहीं पड़ा। समाजवादी नेता ने 'जाति तोड़ो' का नारा दिया। पर, इसका भी कोई असर न हुआ। जाति प्रथा से जुड़ी छुआछूत की समस्या है। छुआछूत दो प्रकार की होती है। एक में व्यक्ति विशेष को छूना वर्जित है। दूसरे में उसका बना खाना नहीं खाते । महर्षि दयानंद सरस्वती, डॉ. बाबा साहब आंबेडकर, महात्मा गांधी आदि कई नेताओं ने छुआछूत हटाने के कई आंदोलन किए। छुआछूत ग़ैर क़ानूनी तो हो गई, पर वास्तविक जीवन में थोड़ी-बहुत अभी भी चल रही है।

यहाँ यह कहना समीचीन होगा कि सिद्धांतया मुस्लिम और ईसाई पंथों में जाति प्रथा नहीं है। पर वास्तविकता यह है कि भारत में यह इन पंथों में भी है। मेरे मित्र प्रसिद्ध समाजशास्त्री और हिस्लाप कॉलेज, नागपूर के पूर्व प्राचार्य ने मुझे बताया कि ब्राह्मण से बने ईसाई हरिजन से बने ईसाई के यहाँ शादी नहीं करते। मेरे अपने क़स्वे में पठान जुलाहे के यहाँ शादी नहीं करते। सिखों में भी जाट और दलित होते हैं।

वर्षों पहले कबीर दास ने पंथ और जाति प्रथा पर कुठाराघात किया:-

जो तें तुरक-तुरकनी जाया, पेटहि कहे न सुनत कराया

जो तें बाम्हन बम्हनी जाया, आन बाट काई नहिं आया।

कबीर की न तो मुसलमानों ने सुनी और न हिंदू समाज के बहुमत ने।

- मैं 1973 से पूर्व कुछ समय मध्यप्रदेश के एक गाँव में इंग्लिश लेक्चरर था। गाँव बहुत पिछड़ा हुआ था और जाति-पांति का बोल-बाला था। मैंने वहाँ पहुँचते ही अपने छात्रों के माध्यम से इस बीमारी से छुटकारा पाने की योजना बनाई और उसका क्रियान्वयन भी शुरू किया। आरंभ में, जो हमारे अध्यापक साथी थे, उन्होंने ही बहुत विरोध किया। बात प्रिंसिपल तक पहुँची। प्रिंसिपल ने समझाया, 'आप सरकारी कर्मचारी हैं, आप का काम पढ़ाना है, सोशल सर्विस करना नहीं है।' मैंने उत्तर दिया, 'मैं वही काम कर रहा हूँ, जो हमारी सरकार चाहती है। छुआछूत ग़ैर-कानूनी है।'

गाँव का सरपंच ब्राह्मण था। उसने अपने घर पर एक फ़ंक्शन में सब अध्यापकों को बुलाया। वहाँ पर मैं एक अनुसूचित जाति का अध्यापक (जिसको नहीं बुलाया गया था) अपने साथ ले गया। वहाँ हम लोगों को चाय कप-प्लेट में दी गई और उसको कुल्हड़ में। मैंने कप-प्लेट उसको दे दिया और कुल्हड़ की चाय मैंने ले ली। चाय पीने के बाद मैंने देखा कि सभी अध्यापक अपना-अपना कप-प्लेट धो रहें हैं। मैंने कप-प्लेट उसके हाथ से ले लिया और जहाँ पर लोग कप-प्लेट धो रहे थे, वहाँ कप-प्लेट को नीचे फेंक दिया। यह देखकर सरपंच ने कहा, 'सर, टूट गया तो कोई बात नहीं है।'

मैं : 'टूटा नहीं है, मैंने तोड़ दिया, क्योंकि आप ब्राह्मण हैं और शूद्र ने आपके कप-प्लेट में चाय पी ली है, तो आपके काम का तो रहा नहीं।'

यहाँ यह कहना समीचीन होगा कि मैं कई बार इससे पहले प्रधान जी से भिड़ चुका था। मैं उनको बता चुका था कि आप कांग्रेस पार्टी

के हैं, यदि मैं दिल्ली तक यह बात पहुँचा दूँ, तो आप मुश्किल में पड़ सकते हैं और मैं ऐसा कर भी सकता हूँ। इस तरह के कई काम मैंने किए। अनुसूचित जाति के बच्चों को अलग बिठाया जाता था। मैंने अपने क्लास में यह बंद करा दिया था।

शोषण के लिए सबसे उपयुक्त प्राणी – स्त्री

आजकल कई मामलों में स्त्री को पुरुषों के समान कई अधिकार प्राप्त हो चुके हैं। वैदिक काल के उपनिषद काल तक स्त्री का स्थान समाज में गरिमामय रहा। स्मृतिकाल में स्त्रियों को शिक्षा से बेदखल कर दिया गया। पत्नी शब्द, जो कि स्त्री के पति के साथ निकट यज्ञ संबंध का द्योतक था, के स्थान पर पोश्या, भार्या, जाया, भोग्या शब्दों का प्रयोग किया जाने लगा। केवल प्रजनन कार्य को महत्व दिया जाने लगा।

हमारी प्राचीन संस्कृति में स्त्री को भोग्या नहीं माना जाता था। इसीलिए संस्कृत में सेक्स के लिए 'सम्भोग' शब्द का प्रयोग किया गया है। इसका अर्थ है कि पुरुष व स्त्री दोनों ही भोक्ता हैं, भोग्या कोई नहीं। दोनों (स्त्री तथा पुरुष) ही सहभागी हैं। हाँ, बलात्कार में स्त्री भोग्या हो जाती है। हमारी प्राचीन संस्कृति में अर्थ, काम, धर्म, मोक्ष को बराबर महत्त्व दिया गया है, अर्थात काम को एक चौथाई स्थान प्राप्त है। लेकिन दुर्भाग्यवश अधिकतर लोग जीवन में एक को अधिक महत्त्व देने लगे हैं।

वैदिक काल में स्त्री की अपेक्षा पुरुषों को ज़्यादा महत्त्व मिलता था। किंतु स्त्री की शिक्षा पुरुषों की शिक्षा के समान थी। स्त्री को वेद और ललित कलाओं में शिक्षा लेने की पूरी अनुमति थी। प्राचीन साहित्य में कुछ विदुषियों के नाम मिलते हैं--अपाला, घोषा, गार्गी, मैत्रेय तथा लीलावती (गणितज्ञ)। राजनीतिक विषयों में स्त्री की हिस्सेदारी अहम मानी जाती थी। मध्य काल में स्त्री की स्वतंत्रता पर अवरोध देखने को

मिलते हैं, जिसके तहत शिक्षा, धार्मिक कार्यों और विधवा विवाह जैसे संदर्भों में स्त्री को गुलामी की बेड़ियाँ पहननी पड़ीं। स्त्रियों के लिए पर्दी की प्रथा इसी दौर में शुरू हुई। बाल विवाह की जकड़न हमारी समाज को अभी भी भोगनी पड़ रही हैं।

बाद में स्त्रियों के संबंध में दुष्प्रचार शुरू हो गए। उसके बारे में कई कहावतें प्रचलित हो गईं। उदाहरणार्थ ---एक संस्कृत श्लोक है कि स्त्री लता के समान है। उसके करीब जो भी होता है वह उसी से चिपक जाती है। वास्तव में यह बात तो पुरुषों पर भी लागू है। इंग्लिश में यह कहावत है- स्त्री का चरित्र मौसम के समान है। कब बदल जाए, कहा नहीं जा सकता। भारत में भी यह प्रचलित है -- 'तिरया चरित्र न जाने कोई, खसम (पति) मार सती होई'। स्त्री चरित्रम पुरुष भाग्यम् (स्त्री का चरित्र और पुरुष का भाग्य देवता भी नहीं जानते।) सारांश यह हैं कि स्त्री के शोषण का संबंध प्रत्यक्ष या अप्रत्यक्ष रूप से धर्म से तो हैं। भगवान पुल्लिंग हैं। धर्म के ठेकेदार (पोप, शंकराचार्य, इमाम, दलाई लामा) सभी पुरुष हैं।

अधिकतर हिंदी फ़िल्में भी स्त्रियों के बारे में पुरातन पंथी विचारों को फैलाती हैं। इस कारण समाज में जनता पर ग़लत विचारों का पुष्टिकरण हो जाता है। भारतीय फ़िल्मों में यह बताते हैं कि हीरो, हीरोइन को छेड़ता है। हीरोइन लगातार विरोध करती है। हीरोइन को इतना छेड़ता है कि वह परेशान हो जाती है, लेकिन बाद में वह पट जाती है। युवा यह सोचने लगता है कि लड़की आरंभ में विरोध भी करे, तो भी पट तो जाएगी ही। समाज में स्त्रियों के विरुद्ध छेड़खानी और बलात्कार इसी मनोवृत्ति का परिणाम है। इसके अतिरिक्त फिल्मों में यह संवाद (dialogue) बलात्कार पीड़िता से बुलवाया जाता है, 'अब मैं तुम्हारे लायक़ नहीं रहत।' इसका भी समाज पर बुरा प्रभाव पड़ता है। वैसे ऐसी फिल्में भी बनी हैं जिन में पीड़िता ने बलात्कार के विरुद्ध लड़ाई

अंतिम दम तक लड़ी है और बलात्कारी को सज़ा भी दिलवाई है। हम सबका कर्तव्य बनता है कि पीड़िता के साथ सहानुभूति पूर्वक व्यवहार करें, न कि अपमान या उपहास का। सेक्स के मामले में ऋषि-मुनियों के विचार बहुत प्रगतिशील थे। हमारी संस्कृति में नियोग प्रथा थी। विवाह-इतर संबंधों को बुरा नहीं मानते थे। कुंती के पुत्र कर्ण सूर्य से, युधिष्ठिर यम से, भीम वायु से, और अर्जुन इंद्र से पैदा हुए थे। कुंती ने कर्ण को इसलिए अस्वीकार किया, क्योंकि वह विवाह के पहले पैदा हुए थे। विवाह के बाद किसी पर-पुरुष से पैदा होना बुरा नहीं माना जाता था। हमारे यहाँ माँ के नाम से भी पुत्रों की पहचान होती थी। पांडवों को कौंतेय भी कहा जाता था।

आदिकाल से पुरुष स्त्री पर राज करता रहा। उसने सब नियमों को इस तरह बनाया कि वह स्त्रियों पर राज करना अपना कानूनी हक़ समझने लगा। स्त्रियों को बेचने, स्त्रियों को दान में देने, स्त्रियों को महमानों को परोसने, स्त्रियों को भगाकर लाने, अपने हरम में रखने जैसी प्रथाएँ चलती रहीं। जैसे-जैसे समाज सभ्य होता गया, इन प्रथाओं को कानून या धर्म का अंग बनाया जाता रहा। नारी के शोषण के लिए ऐसी-ऐसी बातें प्रसारित की गई हैं, जिनका कोई वैज्ञानिक आधार नहीं था। जैसे रजस्वला नारी अछूत है। संसार में जबसे प्रजातंत्र आया, नारियों को समान अधिकार मिलने लगे, पुरुष विचलित हो गया। समानता के विरुद्ध लड़ने के लिए उसने धर्म को हथियार बनाया और स्त्रियों के प्रति शोषण को हर धर्म अपने शास्त्रों की दुहाई देते हैं। कुछ वर्षों पहले नारी उत्पीड़न का एक और उदाहरण सामने आया, जो लोगों की नज़रों से छुपा हुआ था। एक समाज में स्त्री के गुप्तांग का भाग काट दिया जाता है, इसको खतना कहा जाता है (female circumcision or khafd)। यह अत्याचार छोटी बच्चियों पर किया जाता है। कुछ वर्षों पहले ऐडवोकेट सुनीता तिवारी ने इस प्रथा के विरुद्ध

उच्चतम न्यायालय में एक जन हित याचिका दायिर की थी। उस समय इसी समाज की एक महिला डॉक्टर ने इस प्रथा का समर्थन किया था। यह प्रथा अफ्रीका के कई देशों में भी है। उत्पीड़न का एक और उदाहरण मैं ने देखा। जब (सातवें दशक में) मैं ट्राइबल एरिया में था, तो पता चला कि जब मजदूरिन अपने बच्चे को दूध पिलाने की छुट्टी माँगती थीं, तो ठेकेदार उससे कहता था कि तुम अपने स्तन से दूध निकालकर दिखाओ। आशा करता हूँ कि अब ऐसा न होता हो।

बलात्कार और कार्य स्थल पर यौन शोषण

अधिकतर लोगों को बलात्कार का दर्शन समझ में नहीं आता। यह उसको शारीरिक उत्पीड़न मानते हैं। वास्तव में यह शारीरिक उत्पीड़न से अधिक मानसिक उत्पीड़न है। अधिकतर मामलों में यह स्त्री को हतोत्साहित (demoralize) करने के लिए किया जाता है। भाँवरी देवी का उदाहरण पर्याप्त है। भाँवरी देवी समाज में सुधार का कार्य कर रही थी। बाल-विवाह का विरोध कर रही थी। गाँव वालों को यह पसंद नहीं था। उन्होंने भाँवरी देवी को समझाने की कोशिश की। जब वह नहीं मानी, तो उसका सामूहिक बालात्कार करा दिया। यह दुष्कर्म इस आशा से किया गया कि अब यह समाज में मुँह दिखाने लायक नहीं रहेगी और इसने जो समाज सुधार का बीड़ा उठाया है, उस पर आघात पहुँचेगा।

आजकल सामूहिक बलात्कार और नाबालिगों के साथ बलात्कार बढ़ रहे हैं। कार्य स्थल पर बॉस द्वारा यौन शोषण की घटनाएँ भी देखने को मिलती हैं। इसका निराकरण एक बड़े अभियान के तहत ही संभव है। इसमें आम आदमी, पुलिस और न्यायपालिका को संवेदनशील भूमिका निभानी होगी। यह स्थिति निकट भविष्य में संभव नहीं दिखती। पुरुषों के साथ स्त्रियों को भी अपनी मानसिकता बदलनी होगी। कन्या विद्यालयों में जूड़ो कराते व आत्मरक्षा के अन्य साधन लड़कियों को

सिखाने होंगे। मेरा अपना विचार है कि प्रादेशिक भाषाओं में सेक्स पर उम्र के हिसाब से वैज्ञानिक जानकारी दे दी जाए, तो सेक्स संबंधी अपराध काफ़ी कम किए जा सकते हैं। दूसरे, स्त्रियों (बच्चियों समेत) को जागरूक करना होगा। आत्मरक्षा के पेंच बताने होंगे। दुर्भाग्य से हमारे समाज में यह धारणा बनी हुई है कि बलात्कार हो गया, तो सब कुछ लुट गया। लोगों की मानसिकता बदलना है तो मुश्किल, पर संभव अवश्य है, यदि सरकार पाठ्य पुस्तकों का सहारा ले।

भारत में यौन-शुचिता (virginity) को ज़रूरत से ज़्यादा महत्व दिया जाता है। जिस प्रकार साँप से बचपन से हमको डराया जाता है। जब वास्तव में हम इतने डर जाते हैं कि आत्म-रक्षा के उपाय के बारे में हम सोच नहीं पाते। इसी प्रकार हमारे समाज में बलात्कार से इतना डरा दिया जाता है कि स्त्री आत्मरक्षा के बारे में सोच ही नहीं पाती। दूसरे, देह शोषण के षड्यंत्र में वह अभूतपूर्व ढंग से घिर गई है। बाज़ारवाद ने दैहिक शोषण के ऐसे अचूक अस्त्र पैदा किए हैं कि आज के तकनीकी युग में शिक्षा-दीक्षा से लैस स्त्री भी प्रचलित शारीरिक सौंदर्य में ही अपनी अस्मिता खोजती हैं, जबकि उसे अपनी अस्मिता खुले विचारों में देखनी चाहिए।

इस संबंध में जागरूकता अभियान अधिक प्रभावशाली हो सकता है। इसके लिए हमें मानसिकता बदलनी होगी। कृपया मेरे सुझावों पर अवश्य विचार करें।

1. लड़कियों के लिए:- (i) बलात्कार के भय से हथियार न डालें। (ii) चालाकी से बलात्कारियों को आपस में लड़ाने की कोशिश करें। (iii) अगर कपड़े उतार भी दिए हैं, तो भी भागने की कोशिश करें। (iv) सेक्स के बाद कोई लड़की अपवित्र नहीं हो जाती। इस बात को ध्यान में रखें। लोग क्या कहते हैं, इसपर बहुत ध्यान न दें। स्त्रियों को तो कम-से-कम अपनी मानसिकता बदल लेनी

चाहिए। (v) बलात्कार तथा अश्लील फोटो बनाने की सूचना जल्दी से जल्दी पुलिस व अपने घर वालों को दें। बलात्कारी को ब्लैकमेल करने का अवसर न दें।

2. **लड़कों के लिए:-** जन साधारण में यह भावना व्याप्त है कि छोटी लड़की के साथ (क्योंकि उनका गुप्तांग छोटा होता है।) सेक्स का अधिक आनंद आता है। यह धारणा बिलकुल ग़लत है। बर्नाॅर्ड रसिल ने अपनी पुस्तक, 'Marriage and Morals' में विस्तार से इसका वर्णन किया है।

इन बातों का खूब प्रचार-प्रसार होना चाहिए। एक बात और है, जिसका भी खूब प्रचार-प्रसार होना चाहिए। लड़की होने की ज़िम्मेदारी पुरुष की है, न कि स्त्री की, जबकि जन साधारण में यह भावना व्याप्त है कि इसकी ज़िम्मेदारी स्त्री की है और इस आधार पर लोग बीवियाँ बदलते जाते हैं। इस बात के प्रचार-प्रसार के लिए दूरदर्शन की मदद ली जा सकती है। जब श्रीमती मेनिका गांधी महिला कल्याण मंत्री थीं, तब मैंने इस संबंध में ईमेल लिखा था। लेकिन आम आदमी की बात कौन सुनता है?

बेमेल विवाह:- स्त्रियों की एक और त्रासदी है, वह है बेमेल विवाह। माँ-बाप ग़रीबी या अपनी झक के कारण कम उम्र की लड़की की शादी अधिक उम्र के व्यक्ति से कर देते हैं। प्रेम विवाह में ऐसी संभावना नहीं रहती। वर्षों पहले मैंने अपने क्लास में एक सर्वे किया था। लड़कियों से पूछा था कि वे किस प्रकार के लड़के से शादी करेंगी। उत्तर थे - इंजीनियर, डॉक्टर, आई. ए. एस. आदि। उस समय किसी लड़की ने नहीं कहा, 'मैं उस लड़के से शादी करूँगी, जो मुझ से प्यार करता हो।' उस समय ज़्यादातर लड़कियों ने कहा था कि वे अपने माँ-बाप की मर्ज़ी से ही शादी करेंगी। इस सर्वे को बहुत समय बीत गया। अभी कुछ नए परिवर्तन हुए हैं। आज के युवा वर्ग के लिए यह जानना ज़रूरी

है। आजकल कई महिलाएँ बाहर काम करने लगी हैं, जहाँ उनके साथ कई पुरुष भी काम करते हैं। वहाँ उन्हें अपने सहकर्मियों को समझने का काफ़ी समय मिलता है। यहाँ उम्र, जाति गौण हो जाते हैं। यहाँ विचारों की अनुरूपता (compatibility) अधिक महत्वपूर्ण हो जाती है। दिवंगत प्रसिद्ध अभिनेता दिलीप कुमार ने अपने से आधी उम्र की प्रसिद्ध अभिनेत्री सायरा बानू से शादी की थी। फ्रेंच राष्ट्रपति ने उम्र में अपने से काफ़ी बड़ी अपनी टीचर से शादी की थी। इसको बेमेल विवाह की संज्ञा नहीं दी जाएगी, क्योंकि दोनों की रज़ाबंदी है और विचारों की अनुरूपता है। शहरी क्षेत्रों में जहाँ स्त्री-पुरुष दोनों काम करते हैं और गर्भ निरोधक दवाओं के आसानी से उपलब्ध होने के कारण सेक्स की सुविधाएँ बढ़ी हैं और स्त्री-पुरुष दोनों में विवाह की अनिवार्यता समाप्ति की ओर अग्रसर होती जा रही है, यद्यपि इसमें अभी कुछ समय लग सकता है। बिना विवाह के साथ रहने (Living together) की बढ़ती प्रवृत्ति इस बात का आभास करा रही है। वैसे यह प्रवृति अभी केवल महानगरों में ही दिखाई दे रही है।

धर्म, शास्त्र, संस्कार, परंपरा, रीति-रिवाज आदि के नाम पर स्त्री को इतनी ज़ंजीरों ने जकड़ रखा है कि सब से मुक्ति एक साधारण स्त्री के लिए लगभग असंभव है। विवाहित स्त्री के लिए मंगलसूत्र, बिछिया, माँग भरना आदि ज़रूरी हैं, पुरुष के लिए कुछ भी नहीं। बुजुर्ग जब स्त्री को आशीर्वाद देते हैं, तो कहते हैं, 'सौभाग्यवती भव'। इसका अर्थ है– तेरा पति जीवित रहे। स्त्री के अपने कल्याण के लिए कोई बड़ा आशीर्वाद नहीं है। एक और आशीर्वाद है उसके लिए - 'पुत्रवती भव'। इस आशीर्वाद में भी स्त्री के लिए कुछ नहीं है। चलो अच्छा है कि हमारे ज़माने में सती प्रथा बंद हो गई। फिर भी लुके-छुपे गावों में कुछ महिलाएँ उनके पतियों के साथ चिता में जला दी जाती हैं। ऑनर किलिंग (परिवार के सम्मान के नाम पर) में भी ज़्यादातर मार महिला

पर ही पड़ती है। बाल विवाह ग़ैर कानूनी होते हुए भी आजकल धड़ल्ले से हो रहे हैं। विधवा विवाह कानूनी होने के बाद भी बहुत कम संख्या में होते हैं। विधवाओं को नारकीय जीवन बिताना पड़ता है। कुछ को वेश्यालय में झोंक दिया जाता है। वेश्यालय साक्षात नर्क होते हैं। आपने भले ही असली वेश्यालय न देखे हों, फिर भी, फ़िल्मों में तो वेश्यालयों में स्त्री की दयनीय दशा तो देखी ही होगी।

मनु ने आर्य (हिंदू) संस्कृति को स्थापित किया। यह बताया गया कि स्त्री बचपन में पिता के, जवानी में पति के और बुढ़ापे में पुत्र के संरक्षण (या बंदिश) में रहेगी। शायद उनकी वर्ण व्यवस्था में उदारता थी। परंतु शनैः शनै: वर्ण व्यवस्था जटिल होती चली गई और समाज पुरुष प्रधान होता चला गया। नारी का स्थान गौणतम होता चला गया। कुल और उच्च वर्ण की मर्यादा को कायम रखने की खातिर सीता का परित्याग किया गया। नारी को एकव्रती होने का पाठ रटाया गया। पति कैसा भी हो, रोगी, विषयी, नपुंसक, कोढ़ी, विक्षिप्त, वह पत्नी का परमेश्वर है। बचपन से परिवार, समाज, धर्म-ग्रंथों, साधु-संतो द्वारा उसे यही शिक्षा दी जाती है। पतिव्रत धर्म को महिमा मंडित करने के लिए कथायों के द्वारा बेटियों का ब्रेनवाश करने का हर प्रयास होता रहा है। उदाहरण देखिए। सावित्री पतिव्रता नारी थी, इसलिए वह अपने पति को मृत्यु से बचा लाई। दूसरे, एक नारी (जिसका नाम मैं भूल रहा हूँ।) ने प्रतिज्ञा की कि कल सुबह जो कोई भी व्यक्ति सब से पहले दिखेगा, मैं उसी से शादी कर लूँगी। दूसरे दिन उसको जो व्यक्ति सब से पहले दिखा, वह कोढ़ी था। उस नारी ने उसी से शादी कर ली। उस नारी के पतिव्रता होने के कारण वह कोढ़ी ठीक हो गया। मेरी कॉमनसेंस में यह बात अभी तक नहीं आई कि पतिव्रत धर्म तो नारी निभा रही है और उसका फल उसके पति को मिल रहा है। एक बार बरेली में एक सत्संग में चला गया। वहाँ प्रवचन कर्ता श्रोताओं को समझा रहे थे, 'पतिव्रत

धर्म बहुत कठिन है। पतिव्रता नारी वही होती है, जो स्वप्न में भी किसी पर पुरुष के बारे में न सोचे।'

मैंने प्रश्न कर दिया, 'यह कैसे संभव है? स्वप्न पर तो किसी का अधिकार नहीं होता है।' उनका उत्तर बहुत अच्छा था, 'तू नास्तिक दिखता है। तू शास्त्रों का अपमान करता है। तेरा सर्वनाश होगा।' वहाँ उपस्थित श्रोताओं ने तालियों द्वारा प्रवचन कर्ता के उत्तर का स्वागत किया।

सती प्रथा का एक आर्थिक पक्ष भी है। पति के मरने के बाद स्त्री की परिवार में कोई उपयोगिता नहीं, इसलिए उसको मार डालना ही अच्छा है। आर्य संस्कृति में औरत केवल एक भोग्य वस्तु बनती गई। एक द्रौपदी पर पाँच पांडवों का अधिकार स्वयं कुंती ने दिया था। उसे जुए में जीता या हारा जा सकता था और सरे आम नंगा किया जा सकता था। औरत सारे नगर (नगर वधू के रूप में) की वस्तु थी। परंतु मनु व्यवस्था में उसकी संतानें उसके पति से ही नामित होती थीं। इस प्रथा को बुरा नहीं माना जाता था। नियोग को सम्मानीय स्थान प्राप्त था।

स्त्री के विरुद्ध अन्य षड्यंत्र

हमारे शास्त्रकार इतने बुद्धिमान थे कि स्त्री के विरुद्ध झूठ को इस तरह परोसा कि वह सच लगने लगे। हमारे शास्त्रों ने कई प्रकार के विवाहों को मान्यता दी है। इन विवाहों में स्वयंवर अच्छा माना जाता है। सिद्धांतः इसमें स्त्री को अपना पति चुनने का अधिकार होता है। प्रचार किया गया कि सीता और द्रौपदी का स्वयंवर हुआ। लेकिन इन दोनों में सीता और द्रौपदी की इच्छा का कोई महत्व नहीं था। दोनों के पिताओं ने अपनी-अपनी शर्तें रखी थीं, 'जो शिव का धनुष तोड़ेगा, सीता का विवाह उसी से होगा।' 'जो कोई एक कढ़ाई में उबलते हुए तेल में देखकर ऊपर घूमती हुई मछली की आँख को धनुष से भेदेगा, द्रौपदी का

विवाह उसी से होगा। आज भी लगभग यही हो रहा है। पिता कहता है, 'बेटी, तुम्हारी शादी तुम्हारी इच्छानुसार ही होगी'। लेकिन, अगर एक दिन लड़की किसी लड़के को साथ लेकर आ जाए और वह कहे, 'पापा, मैं इससे शादी करना चाहती हूँ।' तब पिताओं की प्रतिक्रियाएँ देखिए।

पहला केस

पिता : आपका नाम?

लड़का : अशरफ़

पिता : आप मुसलमान हैं?

लड़का : जी हाँ।

पिता : (लड़का जाने के बाद) बेटी, यह तुम अच्छी तरह जानती हो कि हम लोग तुमको कितना प्यार करते हैं। तुम तो अपने छोटे भाई-बहनों की मॉडल हो। तुम्हें हिंदुओं में कोई लड़का नहीं मिला। (थोड़ी देर रुककर) मान लो हम तुम्हारी ज़िद के आगे झुक जाएँ, तो तुम्हारी छोटी बहनों का क्या होगा। उनसे शादी कौन सा परिवार करेगा?

दूसरा केस

पिता : आपका नाम

लड़का : विकास गझभिए

पिता : आप शिड्यूल्ड कास्ट हैं?

लड़का : जी हाँ।

पिता : (लड़का जाने के बाद) बेटी, यह तुम अच्छी तरह जानती हो कि हम लोग तुमको कितना प्यार करते हैं। तुम तो अपने छोटे भाई-

बहनों की मॉडल हो। तुम्हें दूसरी जाति का कोई लड़का नहीं मिला। (थोड़ी देर रुककर) मान लो हम तुम्हारी ज़िद के आगे झुक जाएँ, तो तुम्हारी छोटी बहनों का क्या होगा। उनसे शादी कौन सा परिवार करेगा?

तीसरा केस

पिता : आपकी सैलरी कितनी है?

लड़का : बीस-पच्चीस हज़ार कमा लेता हूँ।

पिता : हम आप लोगों के प्यार की क़द्र करते है। बेटा, तुम्हें मालूम होना चाहिए कि हमारी लड़की का कॉस्मेटिक्स का खर्चा ही तीस हज़ार के लगभग है। फिर आप लोग खाने-रहने का खर्चा कहाँ से करेंगे?

लड़की : पापा,

पिता : तुम चुप रहो। तुम अभी बच्ची हो। दुनियादारी देखी नहीं है। तुम्हारा अच्छा बुरा मुझ से अधिक कौन समझ सकता है।

नोट : फ़िल्मों में यह संवाद अक्सर बोला जाता है। मैं अभी तक नहीं समझ पाया कि एक वयस्क का अच्छा-बुरा दूसरा कैसे समझ सकता है। यह झूठ इतना अधिक प्रचारित किया गया है कि लोग इसको सच मानने लगे हैं।

कुछ पुरुष शराब पीकर अपनी पत्नी को पीटना अपना जन्म सिद्ध अधिकार मानते हैं। कुछ पुरुष तो काम ही नहीं करते। वे पत्नी की कमाई से शराब पीते हैं और उसको पीटते भी हैं। ऐसी स्थिति में यदि स्त्री अपने पति को छोड़ दे, तो समाज में ऐसी स्त्री को बदनामी झेलनी पड़ती है और दूसरे पुरुष तंग करने लगते हैं। इसलिए स्त्री खामोशी से अपने पति का अत्याचार सहती रहती है।

आजकल चार प्रकार के विवाह प्रचलित हैं। एक है शुद्ध प्रेम विवाह। ये बिना परिवार की मर्जी से किए जाते हैं। ऐसी शादियाँ अधिकतर कोर्ट में होती हैं। दूसरा है तयशुदा शादियाँ। ये शादियाँ माँ-बाप या किसी रिश्तेदार द्वारा तय की जाती हैं। इनमें वर या वधु से स्वीकृति नहीं ली जाती। ऐसी शादियों में दहेज खूब चलता है।

तीसरी प्रकार की शादियों में शादी तो बड़े ही करते हैं, पर वर-वधु से भी पूछ लेते हैं। चौथी प्रकार की शादी होती तो प्रेम विवाह ही हैं, लेकिन दोनों परिवारों की स्वीकृति से उन्हीं के द्वारा की जाती हैं। धीरे-धीरे इस प्रकार की शादियों की संख्या बढ़ रही है। मैं व्यक्तिगत रूप से प्रेम विवाह के पक्ष में हूँ। इसमें शादी के पहले प्रेम की गारंटी तो रहती है। इंग्लिश कवि शेली (Shelly) के अनुसार - It is better to have been loved and lost rather than to have been never loved.

करवाचौथ

उत्तर भारत में यह त्यौहार के रूप में मनाया जाता है। यह कार्तिक मास की कृष्ण पक्ष की चतुर्थी को मनाया जाता है। इसमें पत्नियाँ अपने पति के लिए व्रत (कुछ पत्नियाँ निर्जला व्रत भी रखती हैं।) रखती हैं। बाज़ार ने इसे अखिल भारतीय बना दिया है और इसको 'husband day' कहने लगे हैं। मैंने अपनी पत्नी को यह व्रत नहीं रखने दिया। मुझे यह स्त्री पर अत्याचार लगता है। आजकल इस दिन कुछ पुरुष अपनी पत्नी के साथ व्रत रखते हैं। मैं इस बात का समर्थन करता हूँ।

अहोई अष्टमी:- यह त्यौहार कार्तिक मास की कृष्ण पक्ष की अष्टमी को मनाया जाता है। इस दिन माँ अपने पुत्र की कुशलक्षेम के लिए व्रत रखती है।

ध्यान देने की बात यह है कि स्त्री या लड़की कि कुशलक्षेम के लिए कोई व्रत नहीं हैं, जबकि सब व्रत रखने वाली स्त्रियाँ ही हैं।

लोक साहित्य में स्त्री

लोकगीतों में भी स्त्री को नीचा दिखाने का प्रयत्न किया गया है। हमारे समाज में बचपन से ही ऐसे संस्कार डाल दिए जाते हैं कि लड़कियाँ लड़कों से कम हैं। गाँव में गाया जाने वाला एक लोकगीत देखिए:-

जो पति को दगा देयगो, कुतिया को जनम मिलैगो

कुतिया भूंस-भूंस मर जाय, जो पति को ...

जो पति को दगा देयगो, छछूंदर को जनम मिलैगो

दुनिया थूक-थूक मर जाय, जो पति को दगा देयगो।

पुरुष के लिए ऐसा कोई सदाचार नहीं है।

जब बड़े अपने बच्चों को घुटनों पर बिठाकर 'अटकन-बटकन' बोलते हैं, तो अंत में यह पंक्ति बोलते हैं:- लौड़ियाँ-लौड़ियाँ भाड़ में, लौड़ा-लौड़ा सोने की चौपाल में। यह हमारे समाज की स्त्री विरोधी मानसिकता दर्शाती है।

दहेज लेना कानूनी अपराध है, फिर भी धड़ल्ले से दहेज लिया जा रहा है। दहेज न लाने पर स्त्री पर अत्याचार और हत्या होती रहती हैं। दहेज के लिए बहू को जलाया भी जाता हैं। आम आदमी इसको साधारण घटना मानता है। शिक्षित वर्ग भी इससे अछूता नहीं है। दहेज के लिए जो कानून बने हैं, वे इतने लचर हैं कि लड़के वाले आराम से बच जाते हैं।

कुछ लोग काम के लिए दूसरे शहर चले जाते हैं और कई सालों बाद घर जा पाते हैं। गाँव में रह जाने वाली स्त्री की पीड़ा को आप समझ

सकते हैं। शहर में अकेले रहने वाले पुरुष या तो वेश्याओं के पास चले जाते हैं या इधर-उधर ताक-झाँक करते रहते हैं। कभी ज़्यादा सफल हो गए, तो घर पर बिना बताए दूसरी शादी भी कर लेते हैं। असफल होने पर कुंठा में जीवन काट देते हैं। पत्नी को साथ रखने की परंपरा अब धीरे-धीरे बढ़ रही है।

स्त्री की अपनी कोई पहचान नहीं है। शादी के बाद स्त्री का सरनेम तो बदल ही जाता है, कुछ समाजों में उसका नाम भी बदल देते हैं।

कन्यादान

हिंदू धर्म में एक और प्रथा प्रचलित है। इसको कन्यादान कहा जाता है। इसको बड़ा पवित्र और शुभ माना जाता है। यह रिवाज विवाह का ही भाग है। इसमें लड़की के माता-पिता या अन्य कोई संबंधी लड़की को लड़के वालों को दान में देता है। परंपरा अनुसार दान की वस्तु वापस नहीं की जा सकती। इसीलिए कहावत है - लड़की की डोली जाएगी, फिर अर्थी ही आ सकती है। इसीलिए बहुएँ ससुराल में अत्याचार सहती रहती हैं, पर मायके नहीं जातीं। इस प्रथा में कई विरोधाभास है। प्रथम, लड़की वस्तु नहीं है, जिसका दान किया जा सके। द्वितीय, लड़की कन्या तब तक रहती है, जबतक उसका रजस्वला न हो, अर्थात नाबालिग। यह प्रथा बाल विवाह की पोषक है। बाल विवाह में लड़की शिक्षा से वंचित हो जाती है और बाल विधवा भी हो सकती यह प्रथा इतनी पुरानी हो गई है कि लोग इसका असली अर्थ ही भूल गए हैं। इसीलिए आजकल वयस्क लड़कियों का (जो अब कन्या नहीं रहीं) कन्यादान किया जा रहा है। मैंने एक तलाकशुदा महिला के पुनर्विवाह में कन्यादान होते देखा है।

महाकवि (कवयित्री) महादेवी वर्मा ने स्त्री की पीड़ा को सटीक शब्दों में निम्नांकित कविता में बयान किया है:-

जीवनी स्त्री

मैं हैरान हूँ यह सोचकर

किसी महिला ने उँगली नहीं उठाई

तुलसीदास पर, जिसने कहा -

ढोल, गँवार, सूद्र, पसु, नारी

सब हैं ताड़न के अधिकारी।

मैं हैरान हूँ यह सोचकर

किसी महिला ने उँगली नहीं उठाई

मनुस्मृति पर

जिसने पहनाई उन्हें गुलामी की बेड़ियाँ।

मैं हैरान हूँ यह सोचकर

किसी और ने धिक्कारा नहीं

उस राम को

जिसने गर्भवती पत्नी को

अग्नि परीक्षा के बाद भी

निकाल दिया घर के बाहर

धक्के मारकर।

मैं हैरान हूँ यह सोचकर

किसी और ने नहीं किया नंगा उस कृष्ण को

चुराता था जो नहाती हुई बालाओं के वस्त्र

योगेश्वर कहलाकर भी

जो मनाता था रंगरेलियाँ

सरे आम।

किसी और ने लानत नहीं भेजी

उन सबको, जिन्होंने

औरत को समझकर वस्तु,

लगा दिया जुए के दाँव पर

होता रहा जहाँ नपुंसक

योद्धाओं के बीच पूरी औरत जात का चीर हरन।

मैं हैरान हूँ यह सोचकर

किसी महिला ने नहीं किया

संयोक्ता, अंबालिका के अपहरण का विरोध

आज तक

मैं हैरान हूँ यह सोचकर

क्यों इतने होने के बाद भी उन्हें अपना श्रद्धेय मानकर

पूजती हैं मेरी माँ, बहन, बेटियाँ

उन्हें देवता भगवान मानकर

आखिर क्यों?

मैं हैरान हूँ

उनकी चुप्पी देखकर

इसे उनकी सहनशीलता

या कहूँ अंध श्रद्धा

या फिर मानसिक गुलामी की पराकाष्ठा।

हमारे समाज में नैतिकता को ढोने की ज़िम्मेदारी केवल महिलाओं की है। आजकल भारतीय समाज में स्त्री चरित्र का अर्थ है - यौन शुचिता। इसीलिए हम रिश्वत लेने वालों, काला धंधा करने वालों और तस्करी करने वालों से आत्मीय संबंध स्थापित कर सकते हैं और शरीर पर सामाजिक बंधन न स्वीकार करने वालों से हम एक दम मुँह मोड़ लेते हैं।

अधिकतर अश्लील गालियाँ स्त्री के गुप्तांगों और उसके अपने सगे-संबंधियों से यौन संबंधों पर आधारित हैं।

स्त्री को कमतर दिखाने या नीचा दिखाने में शास्त्रों और फ़िल्मों का बहुत बड़ा हाथ है। कुछ उदाहरण प्रस्तुत हैं। जब पांडव अपने भाइयों, द्रौपदी और कुत्ते के साथ स्वर्ग की ओर जा रहे थे, तब रास्ते में सबसे पहले द्रौपदी मर गईं। एक भाई ने युधिष्ठिर से पूछा, 'द्रौपदी ने कौन-सा पाप किया है कि रास्ते में ही मर गई'? युधिष्ठिर का उत्तर था, 'द्रौपदी हम सब की पत्नी थी, पर वह भीम को अधिक चाहती थी। यही उसका पाप था।' यह मनोवैज्ञानिक तथ्य है कि हर व्यक्ति कई लोगों में से किसी एक को अधिक प्यार करता है। इसमें पाप कहाँ से

हो गया? कैसी विडंबना है कि युधिष्ठिर पत्नी को जुए में हारकर भी धर्मराज बने रहे और द्रौपदी को पापिन बता रहे हैं।

स्त्री के शोषण के कितने रूप

यह कहानी भ्रूण हत्या से शुरू होती है और सती, जौहर या डायन हत्या पर समाप्त होती है। बीच में पिता की इच्छा से शादी, पति की इच्छा से जीवन यापन, बाल विवाह, वैधव्य, वेश्या, देवदासी, सोसायटी गर्ल, कमफ़र्ट गर्ल आदि। हर स्त्री पर बलात्कार की तलवार तो हमेशा लटकी रहती है। प्राचीन काल से पीड़िता सज़ा भुगतती है। चंद्रमा बलात्कारी था, अहिल्या पीड़िता। सज़ा मिली अहिल्या को। यह हमारे धर्म/ संस्कृति की न्याय व्यवस्था है! एक ऋषि ने अपने पुत्र से कहा कि वह अपनी माता को मार डाले, पुत्र ने अपने पिता की आज्ञा का पालन किया।

गालब ऋषि ने गुरु दक्षिणा के लिए जब ययाति से चार हजार श्याम कर्ण घोड़े माँगे, तो उन्होंने एक हजार घोड़े और माधवी का हाथ थमा दिया कि इसके शुल्क के रूप में तुम्हें अन्य नरेशों से वे घोड़े मिल जाएँगे और विभिन्न नरेशों को पुत्र प्राप्ति करके गालब ने माधवी के माध्यम से वे अश्व जुटाए भी। ऐसे अन्याय का प्रतिकार न करना उस मानसिक नींद का प्रतीक है, जो बरसों से अन्याय को चुप हो कर स्वीकारती चली जा रही हैं।

आक्रामक और ज़ोरदार खंडन की प्रवृत्ति से कबीर विद्रोही कवि कहलाए, उन्हें समाज सुधारक भी कहा गया, किंतु स्त्री प्रसंग में उन्हें स्वीकारता नहीं मिली। सदियों से समाज में स्त्रियों के प्रति जो उपेक्षा और अनादर का भाव रहा हैं, संतों ने उसे आत्मसात करते हुए नारी निंदा की है। 'माया' शब्द का व्यापक प्रयोग करते हुए भी कबीर ने स्त्री की माया रूप में आलोचना की है। उसे 'महाठगनी' और 'पापपूर्ण'

शक्ति बताया, जो पुरुष को अपने आकर्षणपाश से बाँध लेती है। फिर वह जल्दी मुक्त नहीं हो पाता। कबीर जैसे संत स्त्री की उपस्थिति और संगति मात्र से बौखला जाते हैं:-

नारी की झाईं परत अंधा होत भुजंग।

कबीरा तिनकी कौन गति, नित नारी के संग।।

हिंदी में ऐसी कई फ़िल्में (जैसे - संगम, आदि) बनी हैं, जिनमें हीरो दोस्ती निभाने के चक्कर में अपनी प्रेमिका अपने दोस्त को दे देता है। इसमें पुरुष का अहंकार छुपा है। स्त्री की इच्छा का ध्यान नहीं रखा जाता। कई भारतीय इसको त्याग समझते हैं। मुझे यह स्त्री का अपमान लगता है।

पर्दा प्रथा:- हमारे देश में गाँव में अभी भी पर्दा प्रथा हैं। यह कानून से नहीं मिटने वाली हैं। इसको जागरूकता अभियान के द्वारा ही हटाया जा सकता हैं।

स्त्री के लिए घने बादलों के बीच इंद्रधनुष

पारंपरिक भारतीय समाज में स्त्रियों के लिए कुछ मनोरंजन के साधन हैं। सखा (boy friend) के रूप में देवर या जीजा है। मनोरंजन के लिए त्योहारों में संगीत है। शादी-विवाह में गालियाँ व खोरिया (जब सब पुरुष बारात में लड़की वाले के यहाँ चले जाते हैं और घर में केवल औरतें रह जाती हैं, उस समय औरतें दिल खोल कर मनोरंजन करती हैं।) है। इससे स्त्रियों का विरेचन (purgation) हो जाता है। आजकल शादियों में महिलाएँ भी जाने लगी है। यह एक अच्छी पहल है।

वेश्या (Sex worker)

इसको सबसे प्राचीन पेशा कहा जाता है। इस पेशे को क़ानूनी रूप मिलनी चाहिए। इनको दलालों और पुलिस के चंगुल से बचाना चाहिए। सरकार को उनके स्वास्थ्य का ध्यान रखना चाहिए। इस संबंध में कुछ गैर सरकारी संस्थाएँ (NGO) अच्छा काम कर रही हैं। नागपुर में श्री राम भाऊ विमलाश्रम नाम से एक संस्था चलाते हैं, जिसमें वे वेश्याओं के बच्चों को पालते हैं और पढ़ाते भी हैं। वर्षों पहले नागपूर में एक नेता ने एक अच्छा अभियान चलाया था। इसमें सब वेश्याओं को रक्षा बंधन के दिन एक हाल में बुलाया गया था और लोगों ने उनसे राखी बँधवाई थी। पता नहीं किस कारण से यह अभियान आगे नहीं बढ़ सका। कोशिश यह होनी चाहिए कि समाज में वे भी सम्मानपूर्वक जीवन जी सकें। अभी तो वे नारकीय जीवन जी रही हैं।

ज़रा सोचिए कि संसार के सब धर्म पुरुषों ने बनाए हैं। उनमें महिलाओं का कोई प्रतिनिधित्व नहीं है। हज़ारों साल से महिलाएँ भी पुरुषों की गुलामी को धर्मसम्मत समझने लगी हैं। आशय यह है कि अब तो महिलाएँ शिक्षित हो गई हैं। फिर भी अधिकांश महिलाएँ परिवर्तन की आवश्यकता महसूस नहीं करतीं, क्योंकि कहावत है कि एक झूठ को सौ बार बोला जाए, तो वह सच लगने लगता है। उसको नकारने के लिए बहुत प्रयत्नों की आवश्यकता होती है।

जो संस्कार महिला विरोधी हैं, उनको तत्काल समाप्त करें। अगर उसके लिए लड़ना पड़े, तो अहिंसात्मक ढंग से अवश्य लड़ें। प्रतिज्ञा करें--.बाल विवाह नहीं होने देंगे। कन्यादान नहीं करेंगे, क्योंकि कन्या वस्तु नहीं है। उसका अपना अलग व्यक्तित्व है। विवाह के निमंत्रण पत्र में वर के लिए चिरंजीव और वधु के लिए सौभाग्यकांक्षी लिखते हैं। अच्छा हो कि वधु के लिए भी चिरंजीव लिखा जाए। वास्तव में तो

वर सौभाग्यशाली है, क्योंकि उसके घर में एक नारी आ रहीं है। मैंने कन्यादान तो नहीं किया, पर विदाई के समय यह अवश्य कहा कि यह तुम्हारा घर हमेशा ही रहेगा। जब जी चाहो, यहाँ आ सकती हो और मेरी संपत्ति में तुम्हारा भी अधिकार है।

डॉ.बाबासाहब आंबेडकर के अनुसार हर स्त्री (चाहे वह किसी भी जाति की हो) दलित है। किसी समारोह में एक स्त्री वेद-मंत्र पढ़ रही थी। वहाँ उपस्थित शंकराचार्य ने उसे यह कहकर रोक दिया कि स्त्रियों को वेद पढ़ने का अधिकार नहीं हैं। आज के युग में ऐसी बातें हो रही हैं और जानते हुए भी हमारी प्रतिक्रिया उग्र नहीं होती।

मुस्लिम महिलाएँ

हमारे समाज में मुस्लिम महिलाओं का हाल बहुत अच्छा नहीं हैं। हमारे यहाँ पिछले कुछ वर्षों से एक और परिवर्तन देखने को मिल रहा है। खासकर खाड़ी देशों में रोजगार पर जाने और नए-नए उद्योगों के विस्तार से मुसलमानों का एक नया अमीर वर्ग सामने आया हैं। होना तो यह था कि इस नई खुशहाली और आर्थिक संपन्नता से मानसिक रूप से वे ऊपर उठते, उनमें आधुनिक सोच-विचार की लहर दौड़ती। पर ऐसा नहीं हुआ। पैसा तो आया, लेकिन इस पैसे ने चिंतन और जीवन के ढंग को बदलने में मदद नहीं की। इसके बदले पुरातन पंथी और रूढ़िवादी विचारों को ही अधिक मान्यता दी गई। मज़हब के नाम पर स्त्रियों को शिक्षा तथा आज़ादी से वंचित रखा गया। यह कैसी विडंबना है कि अफ़गानिस्तान की महिलाएँ अपनी आज़ादी के लिए हिजाब के विरुद्ध लड़ाई लड़ रही हैं और इसके उलट भारत की मुस्लिम महिलाएँ हिजाब के पक्ष में लड़ाई लड़ रही हैं।

सारांश:- स्त्री और पुरुष दोनों गाड़ी के दो पहियों के समान हैं। समाज की गाड़ी इन दोनों के योग से ही चलती है। एक दूसरे के पूरक

भी हैं। जब पुरुष नारी के साथ होता है, तो उसे केंद्र में रखकर कविताएँ करता है, गीत बनाता है, अन्य कलाओं की सृष्टि होती है। फिर स्त्री का तिरस्कार क्यों?

किन्नर

आजकल हिजड़ा के लिए किन्नर शब्द का प्रयोग शिष्टोक्ति के रूप में किया जाता है। (वैसे किन्नर देवलोक का एक उपदेवता है, जो एक प्रकार का गायक था और उसका मुँह घोड़े के समान होता था।) यह ऐसा व्यक्ति होता है, जिसमें शारीरिक दृष्टि से स्त्री-पुरुष दोनों के कुछ-कुछ लक्षण होते हैं। ऐसा व्यक्ति न पूर्णत: पुरुष होता है और न स्त्री। कुछ लोग स्वेच्छा से या ज़बरदस्ती ऑपरेशन द्वारा किन्नर बनाए जाते हैं। भारतीय समाज में किन्नरों के साथ स्वाभाविक व्यवहार नहीं किया जाता, जबकि अमेरिका जैसे देशों में वे एक साधारण नागरिक की तरह जीवन बिताते हैं। इनके प्रति हमें अपनी मानसिकता बदलनी पड़ेगी, जिसकी शुरुआत घर और स्कूल से ही हो सकती है।

LGBTQ

हिंदी में अनुवाद मैंने गूगल से लिया है।

Lesbian समलैंगिक महिला:- महिला का महिला के प्रति आकर्षण

Gay समलैंगिक पुरुष:- पुरुष का पुरुष के प्रति आकर्षण

Bisexual उभय लिंगी:- दोनों लिंगों की ओर आकर्षित

Transgender ट्रांसजेंडर:- ऐसे लोग जो जन्म से निर्धारित लिंग के विपरीत लिंग की भूमिका में जीवन बिताते हैं, लेकिन ऐसे लोग किसी भी तरह के चिकित्सीय विकल्प को नहीं अपनाते।

Queer विचित्र:- ऐसा तबका जो पैदायशी तौर पर तो स्त्री या पुरुष होते हैं, पर दिमागी तौर पर इन दोनों से कुछ अलग होते हैं।

विदेशों में इस संबंध में काफ़ी जानकारी और जागरूकता बढ़ी हैं। कुछ देशों ने इनके पक्ष में कानून भी बनाए हैं। जैसे स्त्री-स्त्री से शादी कर सकती हैं और पुरुष-पुरुष से शादी कर सकते हैं। दुर्भाग्य से हमारे देश में इन लोगों के संबंध में जागरूकता की कमी है। मद्रास हाई कोर्ट के न्यायमूर्ति एन. आनंद ने पुलिस को हिदायत दी थी कि ऐसे लोगों को तंग न किया जाए और ऐसे लोगों के साथ सामान्य व्यवहार किया जाए। साथ ही उन्होंने केंद्र साकार को हिदायत दी कि ऐसे एन. जी. ओ. की लिस्ट प्रकाशित करे, जो इनकी सहायता करना चाहते हैं।

हम लोग भगवान को मानते हैं। इन लोगों को भगवान ने बनाया हैं। इनका क्या दोष हैं। ऐसे लोगों के साथ समाज में सामान्य व्यवहार होना चाहिए। यह कार्य घरों और स्कूलों से शुरू होना चाहिए।

पशु प्रेम

संसार में मनुष्य को सर्वश्रेष्ठ प्राणी माना गया है। उर्दू में इसको अशरफुल मख्लूकात कहा गया है। मनुष्य से यह आशा की जाती है कि वह पशुओं के साथ अच्छा व्यवहार करेगा। पर ऐसा होता नहीं है। ये मूक प्राणी हैं। वे अपनी व्यथा वर्णन नहीं कर सकते। इसलिए यह मनुष्य का ही कर्तव्य है कि वह उनके साथ क्रूरता पूर्ण व्यवहार न करें। लेकिन यहाँ भी नस्लवाद है। विदेशी नस्ल के कुत्ते अच्छे माने जाते हैं। ये अमीर मालिकों के यहाँ ग़रीब आदमियों से अच्छा जीवन बिताते हैं। मरने के बाद इनको आदमियों की तरह दफ़नाया जाता है। देसी कुत्ता सड़क पर कुत्ते की मौत मरता है। मेरे ज्ञान में बांग्ला उपन्यासकार शरत चंद्र चट्टोपाध्याय ही ऐसे व्यक्ति थे, जिन्होंने देसी कुत्ता पाला था।

मैं यह नहीं कहता कि संसार में सब शाकाहारी बन जाएँ, क्योंकि फल और सब्ज़ियाँ सारे संसार की उदर पूर्ति नहीं कर सकते हैं। इसलिए भोजन के लिए कुछ पशुओं को मारना ज़रूरी हो जाता है। लेकिन हम इतना तो कर सकते हैं कि जब तक वह पशु जीवित है, तब तक उसको कष्ट न दें और यह कोशिश करें कि मारते समय उस पशु को कम से कम कष्ट हो।

मैं एक चिकिन की दुकान पर गया। दुकान के बाहर एक पिंजड़े में मुर्गियाँ क्षमता से अधिक धूप में रखी थीं। मैंने दुकानदार से कहा, 'इन मुर्गियों को आप बड़े पिंजड़े में छाया में भी तो रख सकते हैं।

उसका उत्तर था, 'साहब, इनको मारना ही तो है। फिर दया दिखाने से क्या लाभ?

मैंने कहा, हम सब को भी मरना है, लेकिन जब तक हम जिंदा हैं, हम आराम से रहना चाहते हैं। गुरु, आप मुर्गियों से इतना कमाते हैं, तो इनके लिए इतना तो कर सकते हो।

मेरे आग्रहपूर्ण और अच्छे व्यवहार के कारण दुकानदार खूब हँसा और बोला, आप कहते तो ठीक हैं। मैंने इस संबंध में कभी सोचा ही नहीं। कल तक यह काम हो जाएगा।

गाँव में बैलगाड़ी चलाने वाले बैलों को मारने के लिए पैना/ अरई (एक प्रकार का लकड़ी का डंडा, जिसमें एक तरफ़ कील लगी रहती है) का इस्तेमाल करते हैं। चालक आदतन बीच-बीच में बैलों के कील चुभाते रहते हैं। मैंने कई बैलगाड़ी चालकों को टोका कि बैल ठीक चल रहा है, तो फिर यह कील क्यों चुभा रहे हो? उत्तर मिला, 'जानवर है, बिना पीटे काम नहीं करते।'

मैं गुवाहाटी में कामाख्या मंदिर गया था। वहाँ एक व्यक्ति एक कबूतर लाया और एक पुजारी को दिया। पुजारी ने एक झटके में कबूतर

की गर्दन काट दी। मैंने उस व्यक्ति से पूछा, 'क्या तुम इसका मांस खाओगे?' उसका उत्तर था, 'नहीं।' मैंने पूछा, 'फिर इस कबूतर को क्यों कटवा दिया?' उत्तर मिला, देवी को बोला था, 'अगर मेरा काम हो गया, तो मैं आपको एक कबूतर की बलि दूँगा।' मैंने यह नोट किया कि जो लोग शुद्ध शाकाहारी हैं, उनमें भी बहुत से लोग पशु बलि का खुलकर विरोध नहीं करते। शायद इसका कारण दैवी भय है।

पशुओं पर अत्याचार रोकने के लिए हमारे देश में क़ानून बना है और कुछ व्यक्ति संस्थाओं के माध्यम से इस ओर जागरूकता फैलाते हैं। इस क्रूरता को रोकने लिए हम भी कुछ करें।

अंधविश्वास

अंध विश्वास बहुत-कुछ धर्म से जुड़ा है, क्योंकि विश्वास और अंधविश्वास में अंतर इतना बारीक है कि अच्छे-अच्छे इसके झाँसे में आ जाते हैं। एक तरफ़ तो विज्ञानवादी दृष्टिकोण की बात हो रही है, दूसरी तरफ़ उगती पीढ़ी को जादू-टोना, तंत्र-मंत्र और चमत्कार के दलदल में ढकेलकर घोर अविज्ञानी और अंधविश्वासी बनाया जा रहा है। पौराणिक कथाओं के माध्यम से भी बहुत से अंधविश्वास भारतीय समाज में फैले हैं। पौराणिक कथाओं में तर्क के लिए कोई जगह नहीं हैं। पुराणों ने तर्क से संबंध विच्छेद कर समाज को अंधविश्वास से भर दिया और धार्मिक विशेषाधिकार प्राप्त वर्ग की व्यवस्था को मजबूत बनाया। पुराण इतिहास नहीं, काल्पनिक कथाएँ हैं, जिनमे न कोई क्रम हैं और न कोई तर्क। पुराण रहस्यात्मक और चमत्कारवादी निम्न बौद्धिक उत्पादन हैं, जो भोले लोक विश्वास के अंग होते हैं। साधारण भारतीय मानस बदलते आधुनिक संसार की नई-नई चीज़ों के प्रति आकर्षित होते हुए भी जड़ीभूत पौराणिक विश्वासों से मुक्त नहीं हो पाया, जो उसकी विवेकावादी सोच के समग्र विकास के लिए ज़रूरी था।

अलग अलग स्थानों पर अलगअलग अंधविश्वास पाए जाते हैं। कुछ गाँव में विशेषकर आदिवासी गाँव में कुछ महिलाओं को डायन घोषित कर दिया जाता है। लोकल पॉलिटिक्स रहती है और उसके बाद उस औरत को लोग मार डालते हैं। हमने गाँव में लोगों को समझने की कोशिश की। लोग इस बात को मानते हैं कि यदि यह औरत ज़िंदा रहेगी, तो पूरे गाँव को नुक्सान होगा। यह कई लोगों को मार सकती है।

नदियों की पूजा

वर्षा न होने पर कर्नाटक में नदियों की पूजा करने की परंपरा है। टाइम्स ऑफ इंडिया (बेंगलूरु संस्करण, 3 जून 2017) में यह खबर छपी थी कि जल संसाधन मंत्री ने महाबलेश्वर में वर्षा होने के लिए कृष्णा नदी की पूजा की थी, जिस की काफ़ी आलोचना हुई थी।

भारत के कुछ क्षेत्रों में वर्षा न होने पर गाँव की स्त्रियाँ रात को नग्न होकर हल चलाती हैं। मान्यता है कि वर्षा का देवता इंद्र है। नग्न औरतों को देखकर इंद्र प्रसन्न हो जाते हैं और वर्षा कर देते हैं।

मध्य प्रदेश और महाराष्ट्र की सीमा पर एक गाँव है। वहाँ पर एक दूसरे गाँव के लोगों पर पत्थर फेंके जाते हैं। उसमे कई लोग घायल हो जाते हैं। कुछ मर भी जाते हैं। फिर भी लोग अंधविश्वास के कारण हर साल यह त्यौहार सा मनाया जाता है।

कई मंदिरों में शिवलिंग पर जो दूध चढ़ाया जाता है, वह एक नाली के रास्ते मंदिर के बाहर एक गड्ढे में जा गिरता है। नाली से गुजरने के कारण वह दूध गंदा हो जाता है। तब भी भक्त गण उस दूध को बोतल में भरकर अपने घर ले जाते हैं और प्रसाद की तरह उसका सेवन करते हैं। मैं अगस्त 1998 में नाशिक कुंभ मेले में गया था। वहाँ से 30 किलोमीटर दूर त्रियंबकेश्वर है। यह स्थान गौतम ऋषि की तपोभूमि

माना जाता है। यहाँ भगवान शंकर का मंदिर है। मैंने वहाँ 20 अगस्त 1998 को ऐसा दृश्य देखा। आश्चर्य होता है कि हमारे देश के लोग श्रद्धा के नाम पर इतना गंदा दूध स्वयं पीते हैं और अपने घर वालों को भी पिलाते हैं। गंदा दूध पीकर लोग बीमार भी पड़ सकते हैं।

मैं बचपन से ही अंधविश्वासों के विरुद्ध स्वयं अपने ऊपर एक्सपेरिमेंट करते रहा। हाई स्कूल की परीक्षा (1955) के लिए मैं जब जाता था, तब जानबूझ कर उस गली से जाता था, जहाँ मुझे एक काना दिखाई देता था। ऐसा अंध विश्वास है कि काना देखने से काम बिगड़ जाता है। मेरा काम तो कुछ नहीं बिगड़ा, उल्टे मैं हाई स्कूल में फर्स्ट क्लास फर्स्ट आया।

पति का नाम न लेना

उत्तर प्रदेश में यह अंध विश्ववास है कि यदि पत्नी अपने पति का नाम लेती है, तो पति की आयु कम हो जाती है। शिक्षा के कारण यह अंधविश्वास समाप्त हो रहा है। फिर भी अशिक्षित महिलाएँ अभी भी अपने पति का नाम लेने से कतराती हैं। महाराष्ट्र में तो विवाहित महिला के नाम में ही पति का नाम जुड़ा रहता है। जब नाम लेना होता है तो पति का नाम अपने आप ही आता है। इसलिए वहाँ यह वर्जित नहीं है।

हमारे पारंपरिक भारतीय समाज में कई अंधविश्वास धड़ल्ले से पनप रहे थे। इतना ही नहीं, अच्छी-बुरी घटनाओं का संबंध भी दैवी घटनाओं से जोड़ा जाता था और उसके अनुरूप उसका समाधान भी होता था। उनके कुछ अवशेष अभी भी हमारे समाज में व्याप्त हैं। जो विज्ञान के क्षेत्र में जितना पिछड़ा हुआ हो, शिक्षा के विकास से दूर हो, वह समाज अक्सर इस प्रकार के अतार्किकता से प्रभावित रहता है। इतना ही नहीं,

आज भी हमारे ये अवैज्ञानिक विश्वास अर्थात, शुभ-अशुभ बातों का प्रभाव हमारे ऊपर कुछ प्रमाण में ही क्यों न हो, लेकिन है ज़रूर।

आज भी शहरी क्षेत्र की अपेक्षा ग्रामीण क्षेत्र में तथा शिक्षितों की अपेक्षा अशिक्षितों में अंधविश्वास का प्रमाण अधिक दिखाई देता है। विज्ञान ने विभिन्न क्षेत्र में आशातीत उन्नति कर ली है। मनुष्य को चंद्रमा तक पहुंचा दिया है। जीवन और प्रकृति के अनसुलझे गुप्त रहस्यों को उसने सुलझाया है और सुलझाता जा रहा है। इसका प्रभाव यह हुआ कि हमारी अनेक मान्यताएँ लुप्तप्राय हो गई हैं।

कोई भी ऐसा समाज नहीं है, जहाँ पर लोगों में अंधश्रद्धा न पाई जाती हो। यह अंधश्रद्धा भिन्न-भिन्न होती है तथा इसका प्रमाण कम या अधिक हो सकता है। साधारणतः जब किसी बात का प्रत्यक्ष घटना से बिना तर्क संबंध मान लेना या परिणाम समझा लेना अथवा अतार्किक बातों पर विश्वास कर लेना तथा उसके अनुसार व्यवहार करना अंधश्रद्धा होती है। अंधश्रद्धा में बुद्धि का प्रभाव कम और भावनाओं का अधिक होता है।

भारतीय समाज में व्याप्त कुछ अंधश्रद्धाएँ

मेरे जीवन की शुरुआत घोर अंधविश्वास के साथ हुई। अशिक्षित माँ घोर सनातनी थीं और गाँव के पंडितों से खूब प्रभावित थीं। पिताजी आर्यसमाजी थे और वे पंडितों के ढोंग के घोर विरोधी थे। पिता जी बाहर रहते थे। पंडितों ने उन्हें यह समझा रखा था कि पति से बिना बताए अगर दान दिया जाए, तो उसका असर दस गुना अधिक होता है। माता जी इसी चक्कर में काफ़ी दान दक्षिणा पंडितों को देती रहती थीं। मेरे बड़े भाई से एक बिल्ली मर गई थी, तब मेरी माँ ने चोरी से पिता को बिना बताए पंडित को सोने की बिल्ली बनवाकर दान में दी थी।

मेरे निवास स्थान से कुछ दूर एक गाँव है जिसका नाम गुढ़ाने है। वहाँ एक पंडित की लड़की कुँए में गिर गई थी, प्रचार प्रसार के लिए यह घोषित करवा दिया गया कि वह देवी बन गई है। भारत में अंधविश्वास की कहानियाँ दावानल की तरह फैल जाती हैं। मेरी ताई को मैंने यह कहते सुना कि उनको स्वप्न में एक लड़की ने बताया कि वह देवी बन चुकी हैं। यह मेला .मई या जून में होता है। उस समय घोर गर्मी पड़ती है और लोग पेड़ों के नीचे दोपहरी काटते थे। अभी अभी पता चला वहाँ पर एक बहुत बड़ा सांस्कृतिक कार्यक्रम होता है।

मैं अपनी पत्नी के साथ गया गया था। वहाँ एक पंडा पीछे लग गया कि आप अपने पुरखों का श्राद्ध करा लीजिए। आपके पुरखे तर जाएँगे।

मैं : मुझे श्राद्ध कराना तो है पर एक समस्या है।

पंडा : समस्या क्या है?

मैं : आप वरदान और श्राप में विश्वास करते हैं?

पंडा : हाँ, करता हूँ।

मैं : मुझे श्राप मिला है कि जो पंडा मेरे पूर्वजों के लिए पिंड दान करेगा, वह मर जाएगा।

पंडा समझ गया कि मैं कोई पिंड दान कराने वाला नहीं हूँ। इसलिए वह गाली देते हुए भाग गया। उसके साथ में उसका एक लड़का भी था, उसने मुझसे कहा, " जजमान, मैं मरना पसंद करूँगा, लेकिन मैं आपके पूर्वजों का पिंडदान करा दूँगा।

मैं : धन्यवाद, मैं आपका आभारी रहूँगा। पर अब एक और समस्या है?

युवा पंडा : अब क्या समस्या है?

मैं: अगर मेरे पिंडदान कराने से आप मर गए, तो मुझपर ब्रह्महत्या का पाप लगेगा।

युवा पंडा खूब हँसा और बोला कि सर आप करते क्या हैं?

मैं: मैं यूनिवर्सिटी में प्रोफ़ेसर हूँ।

युवा पंडा : मैं एम.ए. फर्स्ट क्लास पास हूँ, नौकरी मिल नहीं रही है इसलिए बाप ने इस धंधे में शामिल कर लिया है। जैसा आप सोचते हैं, मैं भी बिलकुल वैसा ही सोचता हूँ। मेरा घर पास में है, आप मेरे घर चलिए और चाय पीजिए।

मैं : तुम्हारा बाप तो मुझे देखते ही पीटेगा।

युवा पंडा : यह मेरे पिता के धंधे का समय है। वह अभी घर पर नहीं होंगे। आप घर पर चलिए और आराम से चाय पीजिए।

नज़र लगना : यह अंधविश्वास पूरे भारत में सभी धर्मों में प्रचलित है। इसका मुख्य कारण तो अशिक्षा और गरीबी है। लेकिन यदि कोई बचपन में इस तरह के वातावरण में पला-बढ़ा है, तो वह शिक्षित होने पर भी इन अंधविश्वासों में विश्वास करता है। अपने अनुभव से मैं कह सकता हूँ कि अंधविश्वास एक ऐसी चीज़ है, जो कई पढ़े लिखे लोगों में है और कई अनपढ़ लोगों में नहीं है। नज़र न लगने के लिए लोग **काला धागा** हाथ या पैर में बाँधते हैं। इसके लिए काला टीका भी लगा देते हैं। साहित्य में भी इसका वर्णन मिलता है। इसके पीछे का दर्शन समझिए। सुंदर चीज़ पर नज़र जल्दी लगती है। इसीलिए बच्चे को विशेषतया लड़के को काला टीका आदि से बदसूरत बनाने की कोशिश की जाती है। वर्षों पहले लोग नाम भी इसी डर से खराब रखते थे, जैसे कौड़ी मल, छदम्मी लाल आदि। हिंदुओं में तत्सम और सार्थक नाम रखने की मुहिम में आर्य समाज का बहुत बड़ा हाथ है। मेरे गाँव में एक घटना हुई, गाँव की मेरी एक भाभी के लड़के को बुखार आ गया।

वे एक पड़ोसिन से लड़ रही थीं कि उसने मेरे लड़के को नज़र मार दी। पहले तो मैं लड़ने का कारण समझ नहीं पाया। जब मैंने पता लगाया तो नज़र के कारण लड़ाई हो रही थी। मैंने भाभी को समझाया नज़र कोई चीज़ नहीं होती है, बुखार है मैं दवा लाकर दे देता हूँ।

भाभी : नहीं भैया, तुम नहीं समझते यह औरत जादूगरनी है और अक्सर दूसरों के बच्चों को नज़र मारती है क्योंकि उसके खुद के बच्चे नहीं हैं।

मैं : भाभी, तुम उस औरत को बुला लो।

उन्होंने काफ़ी आग्रह के बाद उस औरत को मेरे घर में बुला लिया। मैंने भाभी से कहा, 'तुम भी यहीं बैठो। उस समय मेरा एक मात्र पुत्र 2 वर्ष का था। मैंने एक घेरा बनाकर 10 का नोट रख दिया और यह कहा कि मेरे लड़के को नज़र मार दो और 10 रुपए ले जाओ। मेरी भाभी खूब ज़ोर से चिल्लाई कि क्या कर रहे हो भैया, तुम्हारा एक ही तो लड़का है अगर कुछ हो जाए तो...।

मैं : जब नज़र कुछ होती ही नहीं है, तो कुछ हो कैसे जाएगा। तुम देखो तो तमाशा। वह औरत रोने लगी और कहने लगी कि मेरे बच्चे नहीं हैं इसलिए यह औरतें मुझे बदनाम करती हैं। मोहल्ले की सभी औरतें मेरे बारे में ऐसा ही सोचती हैं। मैंने उसे जाने दिया और वह मेरे आग्रह पर भी 10 रुपए नहीं ले गई, बाद में मैंने अपने भतीजे को क्रोसीन की आधी गोली खिला दी और वह शाम तक ठीक हो गया।

काला धागा

हमारे एक टीचर ने एक एक्सपेरीमेंट किया। गाँव में बच्चे कमर में, हाथ में तथा गले में काला धागा बाँधते हैं। स्कूलों में मई और जून में छुट्टियाँ हो जाती हैं। 30 अप्रैल को टीचर सफ़ेद धागे का एक बंडल लाए।

उन्होंने कहा कि यह धागा मंत्र पढ़ा हुआ हैं और उन्होंने वह धागा सब छात्रों के गले, हाथ और कमर में बाँध दिया। 1 जुलाई को सब बच्चे स्कूल आए। मई-जून में उत्तर प्रदेश में बहुत गर्मी पड़ती हैं, जिस कारण खूब पसीना आता हैं। टीचर ने सब बच्चे से अपने-अपने धागे दिखाने को कहा। सभी धागे लगभग काले हो चुके थे। टीचर ने छात्रों से पूछा, 'मैंने तो सफ़ेद धागे बाँधे थे, ये काले कैसे हो गए?'

छात्रों ने बताया, 'सर, पसीने के कारण ये काले हो गए हैं।'

टीचर ने कहा, 'ये तो गंदे हो गए। तुम लोग इस गंदेगी को बाँधे रहे।'

छात्रों ने कहा, 'सर, आपने ही कहा था कि ये मंत्र पढ़े हुए हैं। इसलिए हम बाँधे रहे।'

टीचर ने कहा, 'मैं तुमको एक एक्सपेरीमेंट के द्वारा इस गंदेगी के बारे में बताना चाहता था। गंदगी स्वास्थ्य के लिए हमेशा हानिकारक होती है।'

उन छात्रों में मैं भी एक था। इसके बाद मुझे काले धागे से या ताबीज़ से इतनी घृणा हो गई कि मैं तो पहनता ही नहीं, दूसरों को भी इस बारे में समझाने की कोशिश करता हूँ। कुछ प्रतिशत सफलता मिल भी जाती है। मैंने अपने बच्चों को कभी कोई धागा नहीं पहनाया। उनको कभी कोई नज़र नहीं लगी और सभी बुद्धिमान निकले। शादी में कलेवा का धागा बाँधा जाता हैं। मैंने अपनी शादी में किसी भी धागे का प्रयोग नहीं किया और न ही अपनी पत्नी और बच्चों को करने दिया। मेरा एक ड्राइवर हाथ में काला धागा पहनता था। उसने बताया कि वह धागा तिरुपति मंदिर का हैं। अगली बार जब तिरुपति जाऊँगा, वहाँ पर इसको उतार कर दूसरा धागा पहन लूँगा।

मैंने कहा, 'आप इतने दिनों तक इस गंदेगी को पाले रहेंगे। इससे अच्छा हैं कि आप इसको एक लिफाफे में बंद करके रख दीजिए। जब आप तिरुपति जाएँ तब इसको वहाँ ले जाना।ड्राइवर पसीने के कारण गंदेगी देख रहा था। दूसरे दिन उसके हाथ में काला धागा नहीं था।

[नोट:- उन्हीं टीचर ने यह सिखाया कि केले का छिलका सड़क पर नहीं फेंकना। मैंने ज़िंदगी भर इसका पालन किया और यदि केले का छिलका सड़क पर पड़ा हो, तो उसको उठाकर सड़क के किनारे कर देता हूँ। बचपन में सिखाए संस्कारों का प्रभाव ज़िंदगी भर रहता है।]

मंत्र से व्यक्ति को मारना : मेरी पत्नी समाजशास्त्र में पी-एच. डी. कर रही थीं। विषय था "सहरिया जनजाति का समाजशास्त्रीय अध्ययन।" मैं श्योपुर (म.प्र.) के जंगलों में अपनी पत्नी के साथ डाटा कलेक्ट कर रहा था। उसी समय एक ओझा ने यह क्लेम किया कि मैं **मंत्रों से किसी को भी मार सकता हूँ।** पूरे गाँव वाले इस बात पर विश्वास करते थे। मैंने शाम को उसे चैलेंज किया। मैंने कहा कि तुम मुझे मंत्र से मार डालो, यह सन 1974 की बात है। उस समय मैंने बीच में 100 रुपए रख दिए और उस समय वहाँ भीड़ इकट्ठी हो गई। मेरी सहायता के लिए वहाँ का एक टीचर मेरे साथ था, पंचायत का सरपंच भी था। उससे काफ़ी बहस होती रही, अंत में उसने कहा, 'आप बड़े हैं और पढ़े लिखे हैं इसलिए आप पर मेरा मंत्र काम नहीं आएगा।' उस समय मेरे साथ छोटे छोटे 2 पुत्र थे। मैंने कहा, 'ये तो छोटे हैं और पढ़े लिखे भी नहीं हैं, इनको मंत्रों से मार दो और यह 100 रुपए भी ले लो। अब वह बगलें झाँकने लगा और भागने का बहाना ढूंढने लगा। उसने कहा कि मैं रात को पूजा करूँगा और कल आऊँगा। और वह चला गया। वहाँ खड़े लोगों ने मुझसे कहा, 'सर, आपको इससे क्या लाभ है, आप अपने लड़के की जान को जोखिम में क्यों डाल रहे हैं?'

मैं : जानता हूँ, मंत्र से कोई नहीं मर सकता। एक परसेंट मान लो कि मंत्र से मर जाए, तो मैं इसको दिल्ली ले जाऊँगा और सरकार से निवेदन करूँगा कि इसको बॉर्डर पर भेज दो, शत्रुओं को मारता रहेगा। हमारे गोला बारूद की बहुत बचत होगी। रात को वह व्यक्ति हमारे ठहरने के स्थान पर आया और कहने लगा, 'मैं खुद जानता हूँ कि मंत्र से कोई नहीं मर सकता। गाँव वाले जादू-टोना में विश्वास करते हैं और वही ऐसी कहानियाँ गढ़ते रहते हैं और मैं चुप रहकर इसका फायदा उठाता रहता हूँ। आप कल इस काम के लिए मुझे मजबूर मत करना, मैं आपका अहसानमंद रहूँगा। मैं उसकी मजबूरी समझ गया, मैंने उससे पूछा, अच्छा यह बताओ वह मंत्र कौनसा है। उसने सहरिया बोली में बताया, 'हे हनुमान, यह मर जाए।'

कुछ मान्यताएँ

समाज में कुछ मान्यताएँ ऐसी प्रचलित हैं, जिन का कोई वैज्ञानिक आधार नहीं लगता। धर्म या संस्कार के नाम पर पीपल का पेड़ नहीं काटते। हमारे मकान कच्चे थे, दीवार में पीपल के छोटे-छोटे पौधे निकल आते थे। उन्हें काटने के लिए मुसलमान को बुलाना पड़ता था। मुझे इससे बहुत शर्मिंदगी महसूस होती थी। मुझे लगता था कि हमारा धर्म इतना कमज़ोर है कि दूसरे धर्म वालों से मदद लेनी पड़े। इसलिए माँ के मना काने पर भी इन पौधों को मैं तोड़ दिया करता था।

इसी प्रकार एक अनुभव हुआ। मैं औरंगाबाद में ठहरा था। मुझे सुई की ज़रूरत थी। मैं बाज़ार में सुई खरीदने निकला। कुछ अँधेरा हो गया था। चार-पाँच दुकनवालों ने मना कर दिया। एक दुकानदार ने बताया, 'आपको नहीं मालूम कि रात में कोई हिंदू दुकानदार आपको सुई नहीं देगा। आप किसी मुस्लिम दुकानदार के पास जाइए, वह आपको रात में सुई दे देगा। हिंदू धर्म के ठेकेदारों ने हिंदू धर्म को इतना कमज़ोर

बना दिया कि हम दूसरे धर्म वालों के ऊपर इतना निर्भर हो गए। कुछ लोग नागपंचमी को साँप को दूध पिलाने का नाटक करते हैं, जबकि साँप दूध नहीं पीता, पी भी नहीं सकता।

पुरुष का दाहिना अंग फड़कना शुभ और बायाँ अंग फड़कना अशुभ माना जाता है। संस्कृत साहित्य में भी इसका वर्णन मिलता है।

पैर खुजलाना या जूते पर जूता चढ़ना यात्रा का संकेत है।

छींक आने पर बाहर न जाना। यदि दो छींकें आ जाएँ, तो शुभ है।

हिचकी आए, तो कोई याद कर रहा है।

यदि जीभ कट जाए, तो कोई बुराई कर रहा है।

यदि कुत्ते सामूहिक रूप से रोएँ, तो कोई प्राकृतिक आपदा (जैसे भूचाल आदि) आ सकती है।

नोट:- इस पर रिसर्च हो सकती है, क्योंकि पशुओं को प्राकृतिक आपदा के पूर्व आभास होने की संभावना अधिक है।

शुभ-अशुभ/शकुन-अपशकुन

कुछ प्राकृतिक घटनाओं को अच्छा (शकुन) मान लिया जाता है और कुछ को बुरा (अपशकुन)। हमारे ज़माने में पश्चिमी उत्तर प्रदेश में प्रचलित कुछ विश्वास इस प्रकार हैं:-

बहिन के घर से भाई को बुधवार को नहीं जाना चाहिए।

परवा (कृष्ण पक्ष व शुक्ल पक्ष की प्रथमा) को यात्रा पर नहीं जाना चाहिए।

महाराष्ट्र में अमावस्या को यात्रा करना अशुभ माना जाता है।

जाते समय यदि काना या विधवा दिख जाए, तो अपशकुन अर्थात यदि आप किसी काम से जा रहे हैं, तो आपका काम बिगड़ जाएगा। इसके विपरीत यदि जाते समय यदि मुर्दा या वेश्या दिख जाए, तो यह शकुन है अर्थात आपका काम हो जाएगा। मैंने इसपर भी प्रयोग किए। ये शत प्रतिशत सच नहीं है। इसके आधार पर आप निर्णय न लें, यही मेरा अनुभव है। इन सब का एक ही उत्तर है:-

सभी दिन घनश्याम के, जा में अटक कहाँ।

जाके हृदय अटक है, वही अटक रहा।

मैं जानबूझकर (जहाँ तक संभव हो) इन्हीं वर्जित दिनों में यात्रा करता था। मुझे कभी कोई नुकसान नहीं हुआ।

डराने वाले पत्र:- बचपन और जवानी में डराने वाले पत्र आया करते थे, कुछ मेरे पास, कुछ पड़ोसियों के पास, कुछ रिशतेदारों के पास। मैं जानता था कि अज्ञानता के कारण वे और लोगों को पत्र भेजेंगे। मैं यह कहकर उनसे वे पत्र ले लेता था कि उन्हें इतनी संख्या में पत्र भेजने में तकलीफ़ होगी। मेरे पास टाइपराइटर है, मैं आपके नाम से भिजवा दूँगा। इस प्रकार मैंने 65 पत्र इकट्ठे कर लिए। फिर उनका विश्लेषण किया। विश्लेषण आपके समक्ष प्रस्तुत है। पहले मैं उनमें से 2 पत्र आपको दिखा रहा हूँ। मेरे पास हिंदी व इंग्लिश के ही पत्र हैं। पता चला कि इस प्रकार के पत्र अन्य भारतीय भाषाओं में भी आते हैं। आजकल ऐसे पत्र वाट्स ऐप में आने लगे हैं।

पहला पत्र

डोंगरगढ़ माँ बम्लेश्वरी का अद्भुत चमत्कार

माता बम्लेश्वरी के मंदिर में एक पुजारी पूजा कर रहा था। अचानक एक सर्प निकला उसे देखकर पुजारी घबरा गया। सर्प देवता लड़की के रूप

में आकर बोले डरने की कोई बात नहीं है। मै जो कहती हूं उसे ध्यान से सुनो। मै थोड़े दिनों के बाद पृथ्वी पर जन्म लुंगी। जो व्यक्ति मेरे नाम के २०० पत्र छपवाकर बांटेगा उसका वर्षों से बिगड़ा काम सफल हो जाएगा। २४ दिन मे मनोकामना पूरी होगी। और व्यक्ति आज कल करके २४ दिन बिताएगा उसका बहुत नुसकान होगा।

इतना कहकर लड़की रुपी ४-५ कदम पीछे हटकर अंतध्र्यान हो गयी। यह खबर सुनकर बम्बई के एक आदमी ने २०० परचे छपवाकर बांटे तो उसको खोई नौकरी मिल गई। इसी तरह एक बेरोजगार लड़के ने २०० परचे बांटे और एक आदमी ने झूठा समझकर फाड़ डाली तो उसका लड़का मर गया। आगरा के बाबूलाल गुप्ता ने एक महीने तक परचे नहीं बाटा तो उस के धंधे में बहुत बड़ा नुक्सान हुआ और साथ ही उसकी पत्नी मर गई।

यह सूचना सुनकर एक भाई ने २०० परचे बांटें तो उसे लाटरी में २५ लाख मिले। जिस किसी सज्जन को यह परचा मिले उससे निवेदन है की वह इस परचे को छपवाकर बाटे। इस परचे को झूठा समझकर विपदा मोल न ले। सामर्थ्य अनुसार परचे छपवाकर बांटने से माता आपकी मनोकामना पूरी करेगी।

सब मिलकर बोले माँ बम्लेश्वरी की जय-जय-जय

दूसरा पत्र

LORD SHREE TIRUPATI VENKATESHWAR

Trust Lord Shree Tirupati Venkateshwar with utmost devotion and the Lord will acknowledge and enlighten our ways. This letter has come to you for good luck. The original came from Lord Shree Venkateshwara Swamy and I have sent it to you.

Please make 27 copies of this letter and send them to the people whom you wish good luck. Please do send to 27 persons. You must not delay the sending of this letter and do not delete any matter.

The chain started from TIRUPATI. Since it is around you now, you must make 27 copies of this letter and send it to your friends. After 4 days you will get a surprise.

Mr. Ramesh got this letter in 1990. He asked his secretary to type 27 copies and send them out. Four days after he got Rs.45 lakhs. Mr. Anand got this chain and forgot it. He lost his job after 4 days. He found this letter afterwarrds and sent out 10 copies. Four days later he got a better job.

Please make sure that this chain is not broken. Avoid bad luck. You must make 27 copies and send them out within 4 days. Your problems will vanish

LORD VENKATESHWARA OF TRUPATI WILL BESTOW GOOD LUCK ON YOU.

सभी पत्रों में निम्नांकित समानताएँ हैं:-

1. किसी चमत्कार का वर्णन।

2. किसी अतिमानवीय द्वारा यह घोषणा कि इस पत्र की कुछ निश्चित संख्या में (11, 21, 27, 51, 100 आदि) कॉपियाँ कर लोगों को भेजना।

3. अमुक व्यक्ति ने इतने लोगों को पत्र भेजा, तो उसको तत्काल कुछ लाभ मिल गया। अमुक व्यक्ति ने पत्र की कॉपियाँ नहीं भेजीं, उसको बहुत नुक्सान हो गया। उसने अपनी ग़लती सुधारने के लिए फिर निश्चित कॉपियाँ लोगों को भेज दीं, तब उसको कोई बड़ा लाभ मिल गया।

कुछ समय बाद मैंने कुछ लोगों से प्रतिपुष्टि (फीडबैक) ली।

मैंने उन लोगों को बताया कि मैंने पत्र में बताई संख्या में लोगों को पत्र भेज दिए। क्या उन्हें कोई लाभ हुआ? आधे से अधिक लोगों ने बताया कि उन्हें कुछ न कुछ लाभ अवश्य हुआ। कुछ लोगों का कहना था कि उन्हें कोई बड़ा लाभ तो नहीं हुआ, पर उन्हें हानि कोई नहीं हुई। केवल एक ने कहा कि उसकी उसके दोस्त से लड़ाई हो गई। उसने शंका जताई कि शायद मैंने निश्चित संख्या में उसके नाम से पत्र नहीं भेजे। कुछ समय बाद एक शादी में अधिकतर लोगों से मुलाक़ात हुई, तब मैंने बताया कि मैंने किसी को भी पत्र नहीं लिखा। यदि किसी को लाभ या हानि हुई है,तो वह संयोग मात्र है।

काफ़ी वाद-विवाद के बाद मैंने सबसे वचन लिया कि भविष्य में इस प्रकार के बहकावे में नहीं आएँगे। विवाह समारोह में एक व्यक्ति ऐसा भी मिल गया, जो इस तरह के पत्र भेजा करता था। उसका मनोविज्ञान यह था कि इस तरह का काम करने से लोगों में देवी-देवताओं के प्रति विश्वास बढ़ता है और यह एक पुण्य का काम है। मैंने तर्क से उसे समझाने की कोशिश की, लेकिन मैं असफल रहा।

भूत

भूत शब्द प्रतीकात्मक है। कहते हैं कि भूत के पैर उल्टे होते हैं अर्थात वह पीछे तो जा सकता हैं, आगे नहीं जा सकता। गाँव में भूतों से डर लगता था, बरेली में सिटी स्टेशन के पास श्मशान भूमि है, मैं दोस्तों के साथ वहाँ अक्सर बैठा करता था। बदायूँ के पास दो दरगाह हैं -- बड़े सरकार की और छोटे सरकार की। वहाँ भूत उतारे जाते हैं। मैं अपने भतीजे के साथ लगभग दो सप्ताह उस दरगाह में पड़ा रहा। रिसर्च करता रहा। सार यह है कि भूत प्रेत कुछ नहीं होते हैं। जो मानसिक बीमारियों से पीड़ित हैं उनको भूत की संज्ञा दे दी जाती है। गरीबी और अशिक्षा के कारण लोग इन बीमारियों के कारण इनका इलाज नहीं करवा पाते, इसलिए यह सोचकर आते हैं कि शायद यहीं ठीक हो जाएँ। भूत उतारने के बहाने वहाँ पर अच्छा ख़ासा व्यभिचार चलता रहता है।

कुछ वर्षों बाद एक और घटना घटी। मेरे भाई के साढ़ू (श्री जगदीश) के एक लड़का था और वह कहते थे कि उसपर भूत आता है। उसका भूत उतरवाने के लिए वह बार-बार बहेड़ी जाते थे। मेरी भाभी के पेट में दर्द होता था, उनका भाभी से कहना था कि उनपर भी भूत की छाया है और वह बहेड़ी में उनके साथ चलकर भूत उतरवा लें। मेरी भाभी को मेरे ऊपर बहुत विश्वास था। उनका कहना था कि लल्ला (मेरे लिए संबोधन) जब नागपुर से आएँगे और वह वहाँ पहले देखकर आएँगे और अगर वह कहेंगे, तब मैं चली जाऊँगी। जब मैं बदायूँ गया, भाभी ने मुझे यह किस्सा सुनाया। मैंने जगदीश भाई साहब से वहाँ चलने की इच्छा प्रकट की। उससे पहले श्री जगदीश मुझे बदायूँ के एक इंजीनियर के घर ले गए। उन इंजीनियर ने मुझे एक टेप रिकॉर्डर से कुछ ध्वनियाँ सुनाईं। उनका कहना था कि यह भूतों की आवाजें हैं जो उन्होंने बहेड़ी की दरगाह से प्राप्त की हैं। मैं दूसरे दिन 24 मई 1978 को जगदीश भाई साहब के साथ बहेड़ी के पास सागल ताल की ज़ियारत गया और

वहाँ दो रातें रहा। रात रात भर जागकर मैं यह देखता रहा कि रात को वहाँ क्या होता है। दूसरे दिन मैं उस कमरे के अंदर गया, जहाँ लोगों पर से भूत उतारे जाते थे। मैंने मुल्ला जी से यह इच्छा प्रकट की कि मैं भी भूतों से बात करना चाहता हूँ। उन्होंने मुझे इस बात की अनुमति दे दी। रात को एक कमरे में (10*12 साइज़) दीवार के दो तरफ़ ऊपर की ओर दो खुली हुई अलमारियाँ थीं, जिसमें मेरे हिसाब से टेप रिकॉर्डर रखे जा सकते थे। रात को करीब 8 बजे भूत उतारने की प्रक्रिया शुरू हुई। उन्होंने कमरे में एक लाइन खींचकर कमरे को 2 भागों में बाँट दिया, लाइन के एक तरफ़ हम जैसे कई लोगों को बिठाया गया और हिदायत दी गई कि लाइट बंद कर दी जाएगी और अँधेरे में भी हम लोग उस लाइन को पार न करें। जिस पर भूत आता था उस व्यक्ति को एक स्थान पर बिठा दिया जाता था। एक टोंटीदार लोटे में पानी भरा रहता था, फिर एक मुल्ला जी उसमें क़ुरान शरीफ़ की कोई आयत धीमी आवाज़ में पढ़ते थे। उसके बाद जिस व्यक्ति के ऊपर भूत आता था उसको उस लोटे से कुछ पानी पिला देते थे। उसके बाद वह लाइट बंद करा देते थे और वह उस व्यक्ति से कहते थे, 'खाँसते हुए आवाज़ बाहर निकालो। थोड़ी देर बाद ऊपर से (छत) एक आवाज़ आती थी। फिर मुल्ला जी उससे पूछते थे, 'तुम कौन हो।' वह बताता था कि वह कौनसा भूत है। आवाज़ मनुष्य जैसी नहीं होती थी। फिर पूछते थे कि तुम इनके ऊपर क्यों आए। तथाकथित भूत अलग अलग कारण बताते थे। उसमें एक कारण यह भी रहता था कि यह औरत सुंदर है और इसलिए हम इसके ऊपर आते हैं। अगला सवाल मुल्ला जी करते थे, 'कैसे जाओगे, क्या चाहते हो?' भूत अपनी अपनी शर्तें बताते थे। ऐसी आवाजें आती थीं कि मुल्ला जी किसी को पीट रहे हैं। कभी कभी तथाकथित भूत उनकी बात मान लेते थे और भूत उतर जाता था। मैं वहाँ रात 2 बजे तक रहा, उसके बाद 4 बजे तक दरगाह के चारों तरफ़ घूमता रहा। रात में कुछ महिलाएँ और पुरुष आपस में बात कर रहे थे।

कुछ लोग मैदान की तरफ़ अँधेरे में चले जाते थे। सुबह मुझे मुल्ला जी के घर बुलाया गया। वहाँ पहले से कुछ लोग बैठे थे। मेरा उनसे परिचय कराया गया। उन व्यक्तियों में कुछ बड़े पुलिस अधिकारी भी थे। कुमायूँ यूनिवर्सिटी का एक केमिस्ट्री का लेक्चरर भी था। मुल्ला जी ने मेरा परिचय जानकार मेरी बहुत तारीफ़ की, फिर उन्होंने मुझसे एक स्टेटमेंट लिखने को कहा कि मैंने रात को भूतों से बात की।

मैंने कहा, 'मैं ऐसा कोई स्टेटमेंट नहीं दे सकता।'

मुल्ला जी : क्यों?

मैं : जो आपने दिखाया, वह फ़ूलप्रूफ़ कंडीशंस में नहीं है। यदि आप कहें तो मैं नागपुर से रैशनलिस्ट लोगों की एक टीम ले आऊँगा।

मुल्ला जी : (एक युवा की तरफ़ इशारा करते हुए) देखो, यह कुमायूँ यूनिवर्सिटी में साइंस का प्रोफ़ेसर है। यह भूतों को मानता है और यहाँ हर साल आता है।

मैं : आता होगा। यह ज़रूरी नहीं है कि साइंस का आदमी अंधविश्वासी न हो।

इस घटना के बाद उनका व्यवहार रूखा हो गया और मैं वहाँ से चला आया।

अगले दिन जब हम लौट रहे थे, तब मेरे साथ मेरे भाई के साढ़ू मेरे साथ थे। उसी समय रास्ते में वह औरत मिल गई, जिसपर रात को भूत उतारा गया था। वह अपने पति के साथ थी। मैंने साढ़ू भाई से कहा, 'आप इस आदमी को बातों-बातों में थोड़ी दूर ले जाइए, जिससे मैं इस औरत से बात कर सकूँ। उन्होंने ऐसा ही किया। वह महिला लगभग 35 वर्ष की होगी।

मैंने उससे कहा, 'बहन, तुम मुझे अपना सगा भाई समझो। मुझको यह बताओ कि रात को क्या हुआ था।'

उसकी आँखों में आँसू आ गए। उसने कहा, 'भैया, रात को जब वह खाँसने को कह रहे थे, उनके हिसाब से वह एक जो आवाज़ आई थी वह मेरे मुँह से नहीं निकली थी। मुझपर कोई भूत वगैरह नहीं आता है। मेरे कोई बच्चा नहीं होता। मेरा पति बहुत अंध-विश्वासी है, न तो वह डॉक्टर को दिखाता है न कोई इलाज़ कराता है। ऐसे ही जादू-टोना और भूत-प्रेत को उतरवाता रहता है। (रोते हुए) भैया, एक औरत क्या कर सकती है, आप मेरी मज़बूरी समझ सकते हैं।' बाद में उन मुल्ला जी के बारे में उ.प्र. विधान सभा में प्रश्न उठे थे। उनके बड़े-बड़े पुलिस अफ़सरों तथा मंत्रियों से अच्छे संबंध थे।

एक अन्य घटना

नागपुर में मेरे एक मित्र थे **जौहरी साहब**, जो सांख्यिकी (Statistics) के लेक्चरर थे, बहुत होशियार थे, स्कालरशिप से पढ़े थे। वह मुझे बड़ा भाई मानते थे और अक्सर घर आया करते थे। एक शासकीय कॉलेज के एक अर्थशास्त्र के प्राध्यापक थे, हम दोनों उनके घर गए। वह सत्य साईं बाबा के भक्त थे। उन्होंने मुझे सत्य साईं बाबा के चमत्कारों के कई किस्से सुनाए। उनके घर में सत्य साईं बाबा का बहुत बड़ा फोटो रखा था। वे एक लोटे में पानी लाए और हम लोगों को पानी पिलाया। वह पानी थोड़े समय उन्होंने सत्य साईं बाबा के फोटो के सामने रखा। उसमें उन्होंने अगरबत्ती की राख (जिसे भभूती कहा जाता है) डाल दी और उन्होंने कहा कि अब यह पानी मीठा हो गया है, इसे अब पीजिए। मैं प्रायः प्रसाद ग्रहण नहीं करता। मैंने जौहरी साहब से कहा कि आप पानी पीकर के देखो। उन्होंने पानी पिया और चुप हो गए। मैंने पूछा, 'क्या पानी मीठा था?' उन्होंने 'हाँ' कह दिया। उन्होंने फिर मुझसे आग्रह

किया कि आप भी पीकर देखिए। मैंने वह पानी पिया, लेकिन वह पानी मीठा नहीं था। थोड़ी देर बैठकर हम वहाँ से चले आए। बाहर आकर मैंने जौहरी साहब से पूछा, 'आप तो विज्ञान के आदमी हैं, क्या आपको वास्तव में पानी मीठा लगा।' उनका कहना था, 'पानी मीठा नहीं था।' मैंने कहा फिर आपने झूठ क्यों बोला। उन्होंने कहा कि हम उनकी भावनाओं को ठेस नहीं पहुँचाना चाहते थे। मैं उनसे बहुत नाराज़ हुआ, मैंने कहा, 'आपने अनजाने में अंधविश्वास को बढ़ावा दिया है।'

एक दिन मैं अपने रिश्तेदार के यहाँ सत्संग में गया। पंडित जी समझा रहे थे कि ब्रह्मा जी के मुख से ब्राह्मण पैदा हुए, भुजाओं से क्षत्रिय, पेट से वैश्य और पैर से शूद्र। इसलिए ब्राह्मण सबसे ऊपर हैं और शूद्र सबसे नीचे। मैंने पंडित जी से प्रश्न किया, पहली बात तो यह है कि शरीर के हर भाग की अपनी उपयोगिता होती है, इसलिए कोई छोटा बड़ा नहीं हो सकता। दूसरे, किसी के मुख या पैर से पैदा होना आज विज्ञान के युग में कौन मान लेगा। पंडित जी ने कहा, 'तू विधर्मी है, तू नरक में सड़ेगा, इसको धक्का देके निकाल दो।' मैं स्वयं ही वहाँ से यह कहकर उठ आया, 'तुम्हारे सत्संग से तो नरक ही अच्छा होगा।

पुन्नागिरी का अनुभव

मेरी भाभी पुन्नागिरी तीर्थ (जो अब उत्तराखंड में है।) हो आई थीं। उन्हों ने बताया, 'लल्ला, तुम वहाँ ज़रूर जाना। देवी की बहुत मान्यता है। वहाँ चोरी नहीं होती। जो माँगो, मिलता है। इस बात को साक्षात देखने के लिए 18 मई 1958 को मैं अपने दो मित्रों के साथ बरेली से पुननागिरी के लिए रवाना हुआ। रास्ते में एक मूर्ति बनी थी, उसमें एक व्यक्ति कोई वस्तु उठाता हुआ दिखाया गया था। तीर्थ यात्री यह व्याख्या कर रहे थे, 'यह चोर था, जो किसी की वस्तु उठा रहा था। देवी जी के प्रकोप से वह व्यक्ति मूर्ति बन गया। थोड़ी देर बाद एक तीर्थ

यात्री ने बताया, 'वह रास्ते में एक बैग भूल आया था। जब याद आया, तो वापस लेने गया, तब नहीं मिला। मैंने कहा कि लोग तो कहते हैं कि इस क्षेत्र में चोरी होती ही नहीं है।

उसका उत्तर था, 'सब कहने की बातें हैं। सुना तो मैंने भी यही था। अब तो मैं भुक्त भोगी हूँ।'

कैला देवी का अनुभव

14 अप्रैल 1970 की बात है। मैं सबलगढ़ (मध्य प्रदेश) में लेक्चरर था। मेरे ही स्कूल में शर्मा जी नाम के एक अध्यापक थे। उन्होंने कैला देवी के कई चमत्कार बताए। कैला देवी का मंदिर राजस्थान में करौली में है। शर्मा जी का कहना था कि मंदिर के पीछे जहाँ बकरे की बलि दी जाती है, वहाँ एक मक्खी नहीं आती है। मैं जिज्ञासावश धौलपुर के रास्ते कैला देवी गया। सभी यात्री लांगुरिया गाते हुए जा रहे थे। अधिकतर लांगुरिया (एक प्रकार का गाना) देवी के भजन होते हैं। हमने वह स्थान देखा, जहाँ बलि चढ़ाई जाती है। वहाँ पर मैंने शर्मा जी को मक्खियाँ दिखाईं। उनका तर्क था, 'यहाँ उतनी मक्खियाँ नहीं हैं, जितनी ऐसे स्थानों पर होनी चाहिए।' ऐसे लोगों के समक्ष तर्क काम नहीं करता।

अजमेर शरीफ़ का अनुभव

मैं अपने मित्र डॉ. जोशी के साथ अजमेर शरीफ़ की दरगाह पर गया। वहाँ मित्र ने 10 रुपए चढ़ाए। मैंने कुछ नहीं किया। वहाँ के ख़ादिम ने मुझसे व्यंग्यात्मक लहज़े में कहा, 'यहाँ अटल बिहारी वाजपेयी भी चादर चढ़ाते हैं'। मैंने भी व्यंग्यात्मक लहज़े में कहा, 'वाजपेयी जी हिंदू हैं। वे सबका सम्मान करते हैं। इस्लाम में ख़ुदा को छोड़कर किसी को सजदा नहीं किया जाता'। वह घुन्नाकर मेरी तरफ़ देखता रह गया।

हर व्यक्ति जिज्ञासु होता है। वह हर चीज़ की व्याख्या करना चाहता है। जब व्यक्ति को अपने प्रश्नों के उत्तर नहीं मिलते, तो वह कोई न कोई कहानी गढ़ लेता है। सब धर्मों में यही हुआ। धर्म को बनाने वाले कोई वैज्ञानिक तो थे नहीं। उन्होंने अपनी समझ से जो कह दिया वह उनके अनुयायी उसको पत्थर की लकीर समझकर मानने लगे। विज्ञान और धर्म में यही बड़ा अंतर है कि विज्ञान प्रमाण पर चलता है। अगर प्रमाण नहीं मिलते हैं तो उनको ढूँढ़ता है और मेहनत करता है, लेकिन मनगढ़ंत कोई बात नहीं कहता है। हर धर्म में सृष्टि की रचना के बारे में लिखा है। विज्ञान ने भी इसके उत्तर दिए हैं। स्कूल में हमें विज्ञान के उत्तर पढ़ाए जाते हैं।

मरने के बाद क्या होता है, यह कोई जान ही नहीं सकता, क्योंकि मरने के बाद तो आदमी लौटता नहीं। हर धर्म ने अपने-अपने हिसाब से उत्तर दिए हैं। इसीलिए हर धर्म के ठेकेदार इस बात पर बल देते हैं कि अपने धर्म के ख़िलाफ़ न बोलो, न सुनो। गुरु की हर बात को भगवान का वचन मानो। अब प्रश्न यह है कि गुरु तो आसाराम बापू और राम रहीम भी थे। शिक्षा का उद्देश्य यह होना चाहिए कि व्यक्ति को तार्किक बनाएँ, जिससे वह अच्छे बुरे का अंतर समझ सके। पूरे संसार में भगवान के ऊपर इतना लिखा और बोला गया है कि मनुष्य अपनी तार्किकता पर ही विश्वास खो बैठा है।

अंधश्रद्धा के विरुद्ध अभियान

अंधश्रद्धा के विरुद्ध कई प्रकार के अभियान चलते हैं। एक तार्किक व्यक्तियों द्वारा। ये लोग एक संस्था चलाते हैं, जिस का नाम है - Rationalist Association । इसकी पूरे संसार में कई शाखाएँ हैं। वर्षों पहले International Rationalist Association के अध्यक्ष **डॉ. के. टी. कवूर** (Dr. K. T. Kovoor) थे। वे आरंभ श्री लंका में ईसाई पादरी

थे। बाद में वे रैशनलिस्ट असोसिएशन के बड़े पदाधिकारी बने। शायद 1974-75 में उनका नागपुर में धनवटे रंग मंदिर के बड़े हॉल में लेक्चर था। उन्होंने अपने एक शिष्य द्वारा वह सब कर दिखाया जो सत्य साईं बाबा किया करते थे, जैसे मुँह में से शिवलिंग निकलना आदि। उनका कहना था कि यह सब हाथ की सफाई है। जब यह व्यक्ति वह सब कर सकता है जो सत्य साईं बाबा करके दिखाते हैं, तो आप इसकी पूजा क्यों नहीं करते। रैशनलिस्ट असोसिएशन की नागपूर में भी एक शाखा है, जो समय-समय पर अंध श्रद्धा के विरुद्ध जागरूकता अभियान चलाती रहती है। इसके अतिरिक्त नागपूर में अंधश्रद्धा उन्मूलन अभियान भी चलता है। कई लोग इससे जुड़े हैं। मैं भी थोड़ा बहुत इससे जुड़ा था। गाँव में जाते थे और लोगों को समझते थे। कभी-कभी कलेक्टर या किसी संस्था द्वारा लोगों को समझने के लिए बुलाया भी जाता था।

कुछ समाज सुधारक भी यह काम करते हैं। उत्तर भारत में स्वामी दयानंद सरस्वती और महाराष्ट्र में महात्मा फुले और तमिलनाडु में पेरियार ने इस संबंध में काफ़ी काम किया है। मेरे पिता जी आर्य समाज से प्रभावित थे। उन्होंने छुआछूत के विरुद्ध और टोना-टुटकों के विरुद्ध गाँव में अभियान चलाया। बचपन में मैं माँ के प्रभाव के कारण भयंकर अंधविश्वासी था। पिता के कारण मैं अंतर्मुखी से बहिर्मुखी हो गया। जिन अंध विश्वासों में मैं जिया था, उनके विरुद्ध पता नहीं कब मेरे व्यक्तित्व में इतना बड़ा परिवर्तन कैसे आ गया। युवा होते ही मैंने सदैव अंधविश्वास के विरुद्ध कार्य किया और उसका प्रचार-प्रसार भी किया। समाज सुधार जैसे उत्कृष्ट कार्य के लिए बात टेढ़ी कहना अति आवश्यक है, क्योंकि आज के पल-प्रति-पल बिगड़ते समाज में समाज-सुधार की कल्पना ही टेढ़ी खीर है। बुराई को चुपचाप सह लेना और भगवद भजन करना कदाचित ईश्वर को धोखा देना है। यह कहावत भी है कि दुनिया इतनी बुरी इसलिए नहीं है कि दुनिया में बुरे लोग

अधिक है, बल्कि इसलिए है कि अच्छे लोग खामोश हैं। यदि कोई झूठ धार्मिक ग्रंथों के माध्यम से हजारों साल से जनता में फैलाया गया हो, तो उसको नकारने के लिए कई मुश्किलों का सामना करना पड़ता हैं। इसीलिए समाज सुधारकों को कठिन मेहनत करना पड़ती है। कई समाज सुधाराकों को अपनी जान भी गँवाना पड़ती है।

कुछ राज्यों ने अंधविश्वास के विरुद्ध क़ानून भी बनाए हैं। कर्नाटक सरकार ने 2017 में Karnataka Prevention and Eradication of Inhuman Evil Practices And Black Magic Act बनाया। लेकिन बाद में विपक्षी पार्टियों के दबाव में कुछ अंधविश्वासों (जैसे- अदे स्नान) को बनाए रखा गया। तमिलनाडु में न्यायालय के निर्णय के बाद भी 'जली कुट्टी' प्रथा चल रही है। इसमें लोग ज़मीन पर लेट जाते हैं और उनके ऊपर से बैलों को दौड़ा दिया जाता है। महाराष्ट्र सरकार ने भी 'महाराष्ट्र नरबलि और दूसरे अमानुष, अनिष्ट व अघोरी प्रथा व जादू-टोना प्रतिबंध अधीनियम 2013 बनाया है। ऐसे अंधविश्वास क़ानून की अपेक्षा जागरूकता अभियान द्वारा ही समाप्त किए जा सकते हैं।

ज्योतिष

वेद के छह अंग माने जाते है–शिक्षा, कल्प, ब्याकरण निरुक्त, ज्योतिष और छंद शास्त्र। इनमे ज्योतिष एक प्रसिद्ध शास्त्र हैं जिसमे आकाशीय नक्षत्रों, ग्रहों आदि का विवेचन किया जाता हैं। आजकल इसको खगोलशास्त्र (Astronomy) कहते हैं। काल गणना का आधार ज्योतिष ही है। काल गणना दो प्रकार की है - चंद्र आधारित और सूर्य अदधारित। मुसलमानों के त्यौहार चंद्र आधारित और ईसाइयों के त्यौहार सूर्य आधारित हैं। हिंदू त्यौहार चंद्र आधारित हैं। पर हर तीन साल बाद मल (अधिक) मास जोड़कर सूर्य आधारित भी बना दिया जाता है। भारत में अलग-अलग कार्यों के लिए तीन संवत चलते हैं - शक, विक्रम और ईसा।

भारत में ज्योतिष के दो भाग हैं - गणित ज्योतिष (Astronomy) और फलित ज्योतिष (Astrology)। पहला पूर्ण विज्ञान है और दूसरे को पूर्ण विज्ञान की संज्ञा आज की स्थिति में तो नहीं दी जा सकती।

एक खगोल विज्ञानी (ऐस्ट्रोनॉमर) डॉ. जयंत नार्लीकर से मैंने पूछा, 'क्या ग्रह (planets) पृथ्वी पर हम लोगों के ऊपर कुछ असर डालते हैं?'

वैज्ञानिक ने उत्तर दिया, 'असर तो थोड़ा बहुत हो सकता है, लेकिन इतना असर नहीं होता कि भाग्य बदल जाए। चंद्रमा का असर तो मस्तिष्क पर होता है, यह तो वैज्ञानिक रूप से सिद्ध हो चुका है।'

मैंने कई फलित ज्योतिषियों से मुलाक़ात की। मुझे तर्क से कोई संतुष्ट नहीं कर सका। भारत में आर्थिक उदारवाद के बाद यकायक धनी बने लोगों की संख्या इतनी ज़्यादा हो गई है कि वर्तमान ज्योतिष व्यवसाय का स्वर्ण युग बन गया है। सांस्कृतिक शून्य और विराट आर्थिक खाई के योग से अंधविश्वास, जंतर-मंत्र और ज्योतिष का व्यवसाय खूब फैलता है।

एक बार नागपुर में 25 जुलाई 1974 को एक प्रसिद्ध ज्योतिषी पंडित वैद्य आए हुए थे। वे सेंट्रल होटल नागपुर में ठहरे हुए थे। उन्होंने यह वादा किया कि वे भविष्य के बारे में सब सही बातें बताते हैं। मेरा एक मित्र मुझे अपने साथ उनसे मिलने ले गया। पूछना तो उसको था, लेकिन वह वहाँ जाकर घबरा गया। उसने मेरी तरफ़ इशारा किया कि मैं पूछ लूँ। ज्योतिषी ने थोड़ी देर मेरी ओर देखा और स्लेट पर मेरा जन्म वर्ष लिख दिया और मुझ से उन्होंने पूछा कि यह आपकी इयर ऑफ़ बर्थ है क्या? तो वह तो सही थी। ऐसे मौक़ों पर होता यह है कि एक आदमी दूसरे के बारे में सही बोलता है तो दूसरा आदमी हिप्नोटाइज़ हो जाता है। लेकिन मैं तो हिप्नोटाइज़ होने वाला था नहीं। उन्होंने कहा, 'पूछिए, आपको क्या पूछना है। मैंने कहा, 'पहले आप मेरे भूत के बारे बताइए। अगर वह सच होगा, तो मैं और कुछ पूछूँगा। अगर वह सच नहीं होगा, तो मैं नहीं पूछूँगा। हाँ, 12 साल के बाद का बताइए। उन्होंने कुछ बोलना शुरू किया, तो उसमें कुछ सही था, कुछ ग़लत था। अंत में उन्होंने यह कहा, '1970 में आपके घर में कोई दुर्घटना हुई है। मैं ने

कहा कि कोई दुर्घटना नहीं हुई है। फिर उन्होंने यही बात दो-तीन बार दोहराई। मेरा उत्तर हर बार 'न' में ही था।

फिर उन्होंने कहा, 'अच्छा यह बताइए कि आपके यहाँ 1970 में क्या हुआ था। मैंने कहा, 'उस वर्ष मेरे घर लड़की पैदा हुई थी'।

वे एकदम बोले, 'बस, बस यही तो मैं कह रहा था।'

इस बात पर मुझे गुस्सा आ गया। मैं ने कहा, 'तू स्त्री के पेट से पैदा हुआ है या पुरुष के पेट से। अगर स्त्री के पेट से पैदा हुआ है तो पुत्री दुर्घटना कैसे हुई।' हालात बिगड़ते देख उनके चमचों ने मुझ से बाहर जाने को कहा। मुझे भी लगने लगा कि अगर मैं यहाँ और रुका, तो पिट भी सकता हूँ। मैंने जाते-जाते कह दिया, 'भविष्य में इस बात का ध्यान रखिए कि इस तरह स्त्री जाति का अपमान तो मत कीजिए, जिसके पेट से आप पैदा हुए हैं।'

कुछ ज्योतिषी किसी बच्चे के पैदा होने पर कह देते हैं, 'यह बच्चा आपके परिवार के लिए अनिष्टकारी है।' इस कारण कई लोग अपने बच्चे का तिरस्कार करने लगते हैं। यह कितना दुर्भाग्यपूर्ण है।

आइए फलित ज्योतिष की कुछ मान्यताओं की चर्चा कर लेते हैं। ज्योतिष में नौ ग्रह बताते हैं:- सूर्य, चंद्र, मंगल, बुध, बृहस्पति, शुक्र, शनि, राहु और केतु। राहु और केतु तो होते ही नहीं है। ये काल्पनिक हैं। मज़े की बात यह है कि सबसे अधिक राहु और केतु से ही डराया जाता है। वैज्ञानिक दृष्टि से सूर्य एक तारा है, जो अपनी धुरी पर घूमता है। सूर्य के नौ ग्रह हैं:- पृथ्वी, मंगल, बुध, बृहस्पति, शुक्र, शनि, वरुण, हर्षद और यम (आजकल कुछ वैज्ञानिक यम को पूर्ण ग्रह नहीं मानते), जो सूर्य के चारों ओर परिक्रमा करते हैं। चंद्रमा एक उपग्रह है, जो पृथ्वी (ग्रह) के चक्कर लगाता है। जिस शास्त्र का आधार ही ग़लत है, उसके आधार पर भविष्य बताना कहाँ तक सही हो सकता है।

विज्ञान में आगमन (Inductive) और निगमन (Deductive) दोनों प्रणालियों (Methods) का प्रयोग किया जाता है। फलित ज्योतिष निगमन का प्रयोग करता है, जबकि किसी विज्ञान में नई खोजों के लिए आगमन प्रणाली का बहुत बड़ा योगदान होता है।

मैंने एम्. ए. करने के बाद हस्तरेखा (Palmistry) की कुछ किताबें पढ़ लीं और लोगों को उनका भविष्य बताता रहा। यह मैंने अपनी लोकप्रियता बढ़ाने के लिए किया था। कुछ बहुत ही कॉमन बातें हैं, जो लोगों को खुश करने के लिए कहनी पड़ती हैं। एक तो यह है कि आप स्वभाव से बहुत अच्छे हैं, लेकिन आपकी अच्छाई को बहुत कम लोग समझ पाते हैं। यह बात कोई भी सुनकर खुश हो जाता है। मुझे वैसे भी समाज सेवा में और सलाह देने में बहुत आनंद आता है। मैं ज्योतिष के बहाने लोगों को हमेशा अच्छी और सही सलाह दिया करता था। समय अभाव के कारण मेरा संबंध इस विषय से छूट गया। लेकिन जब मैं नागपुर आया तो मैं कहानी लिखने लगा। मैं एक कहानी ऐसी लिखना चाहता था जो ज्योतिष से संबंधित हो और उसमें नायिका **मंगली** है। इस शब्द को समझने के लिए मैंने ज्योतिष की पुस्तकें पढ़नी शुरू कर दीं। इधर ज्योतिष के कारण कई ज्योतिषी मेरे अच्छे मित्र बन गए थे। मैंने कई बार लोगों को ज्योतिष के विरुद्ध और अपनी कॉमनसेंस से सलाह दी है। कुछ सच्ची घटनाएँ पेश हैं। एक बार मैं अपने मित्र के घर गया। उनकी पत्नी मानसिक रूप से पीड़ित थीं। उन्होंने मुझे अपना हाथ दिखाया। मैंने बताया, 'वाह भाभी जी वाह, आपका अगला जन्म तो बहुत अच्छा है। आप सुबह-शाम शंकर जी की पूजा शुरू कर दें और हमेशा सकारात्मक सोचिए। कुछ दिनों बाद मित्र का पत्र आया, 'पहले से हालत अच्छी है।' आप स्वयं समझ गए होंगे कि मैंने कुछ नहीं किया। केवल उनके विचारों को नकारात्मक से हटाकर सकारात्मक बनाया था।

एक बार एक प्रोफ़ेसर की लड़की मेरे पास आईं। उसने मुझे अपनी और अपने प्रेमी की जन्म कुंडलियाँ दिखाईं और अपनी समस्या बताई, 'मैं इस लड़के से शादी करना चाहती हूँ, पर कुंडलियाँ नहीं मिल रही हैं'। इसमें आप की क्या सलाह है? 'मैंने कहा,' पहले तो आप यह बताइए क्या आप मेरी सलाह मानेंगी?

उसने कहा, 'बिलकुल मानूँगी। इसीलिए तो मैं आपके पास आई हूँ। मैंने जन्म कुंडलियाँ देखीं। मैं ने उससे कहा कि अगर तुम उससे प्रेम करती हो, तो तुम ज्योतिष के चक्कर में मत पड़ो और जल्दी से जल्दी उससे शादी कर लो। जन्म कुंडलियाँ फाड़ दो या जला दो। कोई भविष्य नहीं जानता। वर्षों बीत गए, वह लड़की खुशी-खुशी अपने पति और बच्चे के साथ सही सलामत रह रही है। मेरा अनुभव है कि जो मन करता है वह सबसे अच्छा है। यह बातें मैं इसलिए बताना चाहता हूँ कि ज्योतिष में विश्वास करना बहुत खतरनाक भी हो सकता है।

मेरा छोटा लड़का अपूर्व का महाराष्ट्र बोर्ड में 12 वीं में मेरिट में चौथा नंबर था। इस आधार पर उसका ऐडमिशन किसी भी अच्छे संस्थान में हो सकता था। लेकिन वह आई. आई. टी. में जाना चाहता था। आई. आई. टी. मुंबई में उसका ऐडमिशन धातुविज्ञान (Metallurgy) में हुआ। वह अच्छे रैंक के लिए एक साल ड्रॉप करना चाहता था। मेरे ज्योतिषी मित्र ने सलाह दी कि यह वर्ष उसके लिए बहुत अच्छा है। अगला वर्ष इतना अच्छा नहीं है। मैंने कहा कि ज्योतिष के आधार पर पुत्र की इच्छा का दमन नहीं कर सकते। मैंने उसे एक साल ड्रॉप करने का अवसर दिया। परिणाम अच्छे ही आए।

एक समय डॉ. मुरली मनोहर जोशी भारत के शिक्षा मंत्री थे। उन्होंने सभी यूनिवर्सिटी में एक सर्कुलर भेजा था। हमारे नागपुर यूनिवर्सिटी में भी यह सर्कुलर आया था और अकादमिक कौंसिल में इसपर बहस हुए थी। सर्कुलर था कि विश्वविद्यालय में ज्योतिष (Astrology) एक

विषय के रूप पढ़ाया जाए। मैंने भी इसके खिलाफ तर्क दिए थे, जो मैं इस किताब में वर्णन कर चुका हूँ। मैंने दो उदाहरण दिए। एक ज्योतिषी ने एक राजा को बताया कि कुछ ही दिनों में उसकी मृत्यु हो जाएगी। राजा ने यह भविष्यवाणी सुनकर राजकाज छोड़ दिया। राज्य में अराजकता फैलने लगी। राजा के मंत्री को इसकी चिंता होने लगी। विचार करने पर उसे एक उपाय सूझा। मंत्री ने राजा की आज्ञा लेकर एक समारोह रखा। उसमें ज्योतिषी को भी बुलाया। राजा भी थे, मंत्री भी थे। मंत्री ने ज्योतिषी जी से पूछा, 'ज्योतिष जी, यह बताइए कि आपका भविष्य क्या है। आप कितने दिन जिएँगे?' ज्योतिषी बोले, 'मेरे बारे में क्यों पूछ रहे हैं? मैं तो बहुत दिन जियूँगा। मंत्री जी ने तत्काल ज्योतिषी जी की गर्दन काट दी और राजा को बताया कि देखिए जो व्यक्ति अपने बारे में भविष्यवाणी ठीक से नहीं कर सकता, वह आपके बारे में क्या सही बता पाएगा? राजा समझ गया और वह राजकाज में मन लगाने लगा।

दूसरा उदाहरण ऐतिहासिक है। जब अबदाली के नेतृत्व में मुस्लिम आक्रमणकारियों के विरुद्ध लड़ने के लिए मराठा सेना पानीपत गई थी, तब ज्योतिषियों ने यह सलाह दी कि अभी समय ठीक नहीं है, इसलिए अभी आक्रमण करना ठीक नहीं है। थोड़े दिन रुक जाओ। थोड़े दिनों में मराठा सेना की रसद ख़तम हो गई और उनका जोश भी ठंडा हो गया। उसके बाद उनपर मुस्लिम आक्रमणकारियों ने हमला बोल दिया और मराठा सेना की हार हो गई। यह एक किस्सा टीवी पर लाइव टेलीकास्ट हो रहा था। वहाँ तत्कालीन प्रधान मंत्री श्री अटल बिहारी वाजपेयी जी बैठे थे और यह किस्सा प्रसिद्ध पत्रकार सरदार खुशवंत सिंह सुना रहे थे। यह घटना उन्होंने इन संदर्भ में सुनाई थी कि सरकार अपने फैसले ज्योतिष के अनुसार न ले। उस समय भारत के सभी ज्योतिषी डॉ. मुरली मनोहर जोशी से बहुत खुश थे, क्योंकि विश्वविद्यालय में

ज्योतिष पढ़ाए जाने से उनको प्रत्यक्ष और अप्रत्यक्ष रूप से बहुत लाभ होने वाला था। विडंबना देखिए कि भारत के किसी ज्योतिषी ने जोशी जी को नहीं बताया कि अगला चुनाव आप ही नहीं, आपकी पार्टी भी हारने वाली है।

कई धर्मों ने ज्योतिष को मान्यता नहीं दी है। फिर भी कई देशों के बहुत से राजा महाराजा ज्योतिष के आधार पर निर्णय लेते थे।

राशि फल

कई लोगों को अखबार में या टीवी पर अपना राशि फल देखने का बहुत शौक़ होता है। मेरे एक मित्र जब भी मेरे घर आते, मेरे अखबार में अपना राशि फल देखते। मैंने एक दिन पूछा कि आपकी राशि है क्या। उन्हों ने कहा, 'कर्क'। मैंने कहा, 'आपको कैसे पता चला कि आपकी राशि 'कर्क' है। उत्तर था, 'मेरे अपने प्रचलित नाम से'। मैंने उन्हें जानकारी दी, 'राशियाँ दो प्रकार की होती हैं:- चंद्र आधारित और सूर्य आधारित। व्यक्ति के पैदा होते समय सूर्य जिस राशि में होता है, वह उसकी सूर्य आधारित राशि कहलाती है। पश्चिमी देशों में यही राशि चलती है। व्यक्ति के पैदा होते समय चंद्रमा जिस राशि में होता है, वह उसकी राशि कहलाती है। उत्तर भारत की जन्म पत्रिकाओं में यही राशि बताई जाती है।'

मैंने हँसकर कहा, 'आपको अपनी असली राशि पता नहीं और आप अपना राशि फल देखे जा रहे हैं'।' वे निरुत्तरित थे।

जब जीवन में अस्थिरता होती है, तब लोग ज्योतिष का सहारा लेते हैं। द्वितीय विश्व युद्ध में रूस में कम्युनिस्ट सरकार थी। उस समय अधिकतर लोग नास्तिक थे। अधिकतर पुरुष युद्ध में जाते थे। उनकी पत्नियाँ अपने पतियों का भविष्य जानने के लिए ज्योतिषियों के पास

जाती थीं। ये ज्योतिषी प्रायः रोमा (जिप्सी) हुआ करते थे। व्यापार में अस्थिरता अधिक होती है, इसलिए व्यापारी ज्योतिष का सहारा लेते हैं। फ़िल्म जगत में अंकशास्त्र (जो ज्योतिष की ही एक शाखा है।) का काफ़ी हद तक बोलबाला है। रिसर्च के आधार पर मेरी राय यह है कि आप अपने व्यक्तिगत जीवन के निर्णय में भले ही ज्योतिष का सहारा लें, पर सार्वजनिक जीवन में ज्योतिष को दूर ही रखें।

अभिव्यक्ति की स्वतंत्रता

लेखक और कलाकार अभिव्यक्ति की स्वतंत्रता की माँग करते हैं, जिसे आम तौर पर विकासशील देशों में भी लोकतांत्रिक सरकारों द्वारा नियंत्रित किया जाता है। लोकतांत्रिक देशों के अधिकांश लिखित संविधानों में अभिव्यक्ति की स्वतंत्रता को मौलिक अधिकार के रूप में वर्णित किया गया है। अगर किसी को लगता है कि सरकार ने उसके अधिकार का हनन किया है, तो वह इसके निवारण के लिए अदालत जा सकता है। सिद्धांत रूप में यह लेखकों के लिए एक आदर्श स्थिति प्रतीत होती है। लेकिन तथ्य कुछ और तस्वीर भी दिखाते हैं।

कुछ इस्लामी देशों, विशेषकर ईरान में लेखन एक खतरनाक पेशा बन गया है, जिसमें कई लेखकों और बुद्धिजीवियों को प्रताड़ित किया जाता है या जेल में डाल दिया जाता है या मार डाला जाता है या उन पर मुकदमा चलाया जाता है। बांग्ला-देश में मुस्लिम कट्टरपंथी इतने आक्रामक हो गए हैं कि उन्होंने उपन्यास "लज्जा" लिखने के लिए बंगाली उपन्यासकार तसलीमा नसरीन को मारने की धमकी दी।

उन्हें इस उपन्यास को लिखने के लिए अपना देश छोड़ना पड़ा, जिसमें मुस्लिम कट्टरपंथियों द्वारा हिंदुओं, विशेष रूप से हिंदू महिलाओं पर अत्याचार को दर्शाया गया है। बांगला लेखिका तसलीमा को मुस्लिम कट्टरपंथियों के दबाव के कारण कोलकाता में नहीं रहने दिया गया, जबकि वहाँ सरकार वाम पंथियों की थी। वहाँ से भागकर तसलीमा जयपुर गई, जहाँ भाजपा की महिला मुख्य मंत्री थीं। उसे वहाँ भी शरण नहीं मिली। यह कैसा सेकुलर देश है, जबकि यहाँ की हर राजनीतिक पार्टी अपने को सेकुलर बताती है।

“जयजय दिन” के संपादक श्री शफीक रहमान, जिन्होंने “तसलीमा के लेखन” को प्रकाशित किया, पर भी कट्टरपंथियों ने हमला किया। हिंसा की बढ़ती घटना उस प्रवृत्ति का हिस्सा है, जो पहले से ही पाकिस्तान, बांग्ला-देश और अब भारत में जड़ें जमा चुकी है। समस्या यह है कि भारत, बांग्ला-देश, पाकिस्तान, थाईलैंड जैसे पारंपरिक समाज में धर्म घनिष्ठ रूप से जुड़ा हुआ है।

पिछले कुछ वर्षों में दक्षिण एशिया के मुसलमान साहित्यकारों से उनके धार्मिक मौलवी कुछ अधिक ही नाराज़ हैं। मुहम्मद अल्वी अहमदाबाद के जाने माने शायर हैं। उनकी ग़ज़ल की कुछ पंक्तियाँ हैं–

अगर तुमको फुर्सत नहीं, तो न आ, मगर एक अच्छा नबी भेज दे।

बहुत नेक बंदे हैं अब भी तेरे, किसी पे तू या रब वही भेज दे।

कयामत का दिन खो न जाए कहीं, ये अच्छी घड़ी हैं अभी भेज दे।

मौलवियों को नबी और वही शब्द नागवार गुजरे और उन्होंने मुहम्मद अल्वी को इस्लाम विरोधी करार दे दिया। आश्चर्य और मज़े की बात यह है कि इसके पहले कई मुस्लिम शायरों ने ऐसे शेर कहे हैं, जैसे - ज़ाहिद शराब पीने को मस्जिद में बीच दे, या वह जगह बता,

जहाँ ख़ुदा न हो। लेकिन पहले मज़हब के ठेकेदार इतना हो-हल्ला नहीं करते थे। कबीर ने तो हिंदू और मुसलमान दोनों धर्मों की खिल्ली उड़ाई है। लेकिन उनका तो कोई बाल बाँका नहीं कर पाया। कुछ समय पहले उर्दू शायर बशीर बदर की इन पंक्तियों (घर से मस्जिद है बहुत दूर, चलो यूँ करते, किसी रोते हुए बच्चे को हँसाया जाए) पर मौलवियों ने शायर से पूछा, 'क्या बच्चा मस्जिद से ज़्यादा महत्वपूर्ण है।' लेखक ने बहुत अच्छा उत्तर दिया, 'मुझे इतना मालूम है कि बच्चे को ख़ुदा ने बनाया है और मस्जिद को इंसान ने। अब आप ही तय कीजिए कि कौन ज़्यादा महत्वपूर्ण है।

अमरावती विश्वविद्यालय के एम. ए. हिंदी की एक टेक्स्ट बुक में ओशो का एक लेख था, जिसमें उन्होंने यह लिखा था कि जैन मुनि नहाते नहीं हैं। जैन शांतिप्रिय होते हैं, इसलिए दंगे तो नहीं हुए, लेकिन जैनियों के दबाव के कारण वह टेक्स्ट बुक पाठ्यक्रम से हटा दी गई।

हमारी नैतिकता यूरोपीय नैतिकता से बहुत अलग है, लेकिन पिछले एक दशक में भारत के धार्मिक, राजनीतिक और सांस्कृतिक माहौल में एक बड़ा बदलाव आया है, जिसका प्रभाव साहित्यिक परिदृश्य पर पड़ा है। धर्म, जिसे भारतीय समाज के धर्मनिरपेक्ष लोकाचार द्वारा परिधि में धकेल दिया गया है और हाशिए पर डाल दिया गया है, अब अचानक राजनीतिक बहस का भी केंद्र बन गया है। असहिष्णुता की सीमा, जिसने भारतीय समाज को अनुमति दी है, वह पारंपरिक भारतीय लोकाचार है जिसमें आत्मसात और लचीलापन है। असहिष्णुता का यह माहौल भारत में हाल की घटना है। भारत में अब तक रचनात्मक लेखन, चाहे वह कथा हो या कविता, पौराणिक विषयों के साथ स्वतंत्र रूप से व्यवहार कर रहा है, उन्हें विशुद्ध रूप से साहित्यिक थीम्स के रूप में माना जाता है।

भारत भले ही संवैधानिक दृष्टि से पंथनिरपेक्ष (secular) हो, परंतु पुस्तकों के बारे में जो निर्णय सरकार द्वारा लिए जाते हैं, वे कट्टरपंथियों के भय के आधार पर लिए जाते हैं। कुछ उदाहरण देखिए।

मुस्लिम कट्टरपंथियों और कुछ मुस्लिम देशों से भी अंतरराष्ट्रीय खतरे के बावजूद, यू.के. सरकार सलमान रुश्दी जैसे लेखकों को सुरक्षा प्रदान करने का जोखिम उठा सकती है। भारत ने, जो अपने नागरिकों को अभिव्यक्ति का अधिकार देने का दावा करता है, "सैटेनिक वर्सेज़" (Satanic Verses) पुस्तक पर प्रतिबंध लगा दिया। दूसरी विडंबना देखिए – अमेरिकन फ़िल्म 'Last Temptation of Christ' किसी भी ईसाई देश में प्रतिबंधित नहीं की गई, लेकिन भारत में इस पर पाबंदी लगा दी गई। इसी नाम की पुस्तक सबसे पहले निकोस कज़ांत ज़ाकिस (Nikos Kazantzakis) ने लिखी थी।

1992 में जामिया के तत्कालीन प्रो-वाइस चांसलर डॉ. हसन ने 'Satanic Verses' के बारे में यह कह दिया था कि पुस्तक पर प्रतिबंध कोई समाधान नहीं था, क्योंकि यह इसे और नवीनता देने के लिए प्रेरित करता था। दुर्भाग्य से जामिया मिलिया के मुस्लिम कट्टरपंथियों द्वारा "वर्सेज़" पर उनकी उदार टिप्पणी के लिए परेशान किया गया था। दुर्भाग्य से डॉ. हसन के समर्थन में न तो सरकार आई और न ही कोई बुद्धिजीवी, इसलिए उन्हें माफ़ी माँगनी पड़ी। वैसे भी हमारे देश में प्रगतिशील मुस्लिमों के समर्थन में न तो कोई मुस्लिम बुद्धजीवी आगे आता है और न ही कोई हिंदू बुद्धिजीवी।

गुरु नानक देव विश्वविद्यालय, अमृतसर में विभाग के पूर्व प्रमुख डॉ. पियार सिंह को उनकी पुस्तक "गठे श्री आदि ग्रंथ" में सिखों की पवित्र पुस्तक "गुरु ग्रंथ साहिब" की प्रामाणिकता को चुनौती देने का दोषी पाया गया था, जो उनके शोध पर आधारित है। 5 साल का शोध और उनके विश्वविद्यालय द्वारा प्रकाशित। अकाल तख्त के कार्यवाहक

जत्थेदार प्रो मंजीत सिंह के फैसले ने डॉ. पियार सिंह को अपना अपराध स्वीकार करने के लिए मजबूर कर दिया। स्वाभाविक रूप से ऐसे फैसलों का शोधकर्ताओं पर मनोबल गिराने वाला प्रभाव पड़ता है। अमेरिका स्थित सिख शोध विद्वान पशनेरे सिंह ने अपनी पीएच.डी. में गुरु ग्रंथ साहिब की प्रामाणिकता पर आक्षेप लगाया। थीसिस "आदि ग्रंथ का पाठ और अर्थ" (टोरंटो विश्वविद्यालय, कनाडा)। अकाल तख्त द्वारा नियुक्त 31 सिख बुद्धिजीवियों की समिति ने थीसिस के कुछ हिस्सों को गलत पाया और कहा कि ग्रंथ साहिब की प्रामाणिकता के विचारों ने सिख समुदाय की भावनाओं को बहुत आहत किया है। शोध के अनुसार पाँचवें गुरु अर्जन देव ने "आदि ग्रंथ" में कुछ हिस्सों को बदल दिया था। गुरु अर्जन देव का "आदि ग्रंथ" जिसके आधार पर बाद में "गुरु ग्रंथ साहिब" लिखा गया, वह मूल दस्तावेज नहीं था। हिंसा का भय, शारीरिक हो या मानसिक, लेखक को अपना तथाकथित अपराध स्वीकार करना पड़ा। बाद में लेखक ने कहा कि यह एक बड़ी त्रासदी है कि भारत में हिंसा के इस भय ने कुछ विद्वानों को यह सोचने पर भी मजबूर कर दिया है कि एक लेखक के लिए पूर्ण स्वतंत्रता जैसी कोई चीज नहीं होती है। उस लेखक को कुछ बाधाओं के भीतर काम करना पड़ता है। राजनीतिक दलों ने अपने वोट की राजनीति के लिए अभिव्यक्ति की स्वतंत्रता के खिलाफ हिंसा भड़काकर समस्या को और बढ़ा दिया है। कुछ अन्य उदाहरण यहाँ उद्धृत किए जा रहे हैं। लोगों के एक वर्ग के विरोध ने महाराष्ट्र सरकार को दिसंबर 1994 में कानूनी कार्रवाई करने और प्रख्यात मराठी लेखक विद्याधर गोखले द्वारा 'रंग इंद्रधनु चे' के खिलाफ प्रतिबंध लगाने के लिए मजबूर किया, जिन्होंने तुकडोजी महाराज को 'राष्ट्र संत' कहे जाने पर सवाल उठाया था।

इस्लामी देशों में कई लेखक और बुद्धिजीवी खतरे में जी रहे हैं। अल्जीरियाई सरकार लेखकों को सुरक्षा दे सकती है, लेकिन कट्टरपंथी

उनके खून के प्यासे हैं। शरजाह कोर्ट ने 10 केरल निवासियों को 'सवम तीनी उरुम बुकल' (चींटियाँ जो लाशों पर पलती हैं) नाटक खेलने पर 6 सालों की सज़ा सुनाई। केरल पीपुल्स आर्ट क्लब द्वारा 'भगवान कालु मारुन्नु' नाटक खेलने पर बबाल उठा। कोट्टयम स्कूल में "जीसस क्राइस्ट सुपरस्टार" नाटक खेलने पर विरोध हुआ, जबकि वैटीकन आदि ने इसका विरोध नहीं किया।

कुल मिलाकर भारतीय समाज अब भी धर्मनिरपेक्ष और उदारवादी है, जिसमें विभिन्न विचारों को सहन करने की क्षमता है। लेकिन त्रासदी यह है कि यह बहुमत अपने आपको मुखर नहीं कर रहा है और सीमित संख्या में कट्टरपंथियों ने समाज का मार्गदर्शन करना शुरू कर दिया है। यहाँ लेखकों और बुद्धिजीवियों का यह पवित्र कर्तव्य है कि वे भविष्य के लेखकों के लिए सकारात्मक तरीके से खुद को मुखर करें। लेकिन अब लेखक के खिलाफ लोगों के एक वर्ग का कुछ प्रतिरोध भारत में भी अक्सर देखा जाता है। आजकल छोटी-छोटी बातों पर भावनाओं को ठेस पहुँच जाती है और दंगे शुरू हो जाते हैं और कुछ कट्टर पंथियों के दबाव में सरकार किसी भी पुस्तक या फ़िल्म पर प्रतिबंध लगा देती है। भारत में सरकार को शांति बनाए रखने के लिए यही तरीक़ा आसान लगता है। कहाँ गई हमारी अभिव्यक्ति की आज़ादी?

शिक्षा

भारत में शिक्षा के 2 स्तर हैं। एक तरफ़ आई आई टी (IIT) हैं और जे एन यू (JNU) जैसे विश्वविद्यालय हैं। दूसरी तरफ़ न तो अच्छे विद्वान शिक्षक हैं न ही अच्छे पुस्तकालय। अधिकतर बुद्धिमान छात्र विदेश चले जाते हैं। हमारे देश में प्रायमरी व सेकंड्री स्तर पर जो शिक्षा दी जाती है, उसमें अधिकतर छात्रों की कोई रुचि नहीं होती। जो कुछ भी कारण हों, पर वास्तविकता यह है कि हम शिक्षा के प्रति बच्चों में रुचि पैदा नहीं कर पाए। दूसरे, हमारे देश में मानविकी और सामाजिक विज्ञान के विषयों पर विज्ञान की तुलना में कम ही ध्यान दिया जाता है। धन की कमी के कारण भी हम इन विषयों की ओर प्रतिभावान छात्रों को आकर्षित नहीं कर पाते। यह प्रवृत्ति देश के भविष्य के लिए काफ़ी घातक है।

साहित्य की शिक्षा

साहित्य की शिक्षा का स्तर और भी दयनीय है। कुछ शिक्षक ही ऐसे होते हैं, जो साहित्य को रस लेकार पढ़ाते हैं। मुझे एम्. ए. इंग्लिश में 1957-59 में प्रो. डी. सी. शर्मा इंग्लिश कविता को गाकर पढ़ाते थे।

नागपुर विश्वविद्यालय में डॉ इंद्रपाल सिंह (अब स्वर्गीय) भी हिंदी कविता को गाकर पढ़ाते थे। संप्रति ऐसे अध्यापक विरल हो गए हैं। आज की शिक्षा प्रणाली ही कुछ ऐसी है कि इस बात पर ध्यान ही नहीं दिया जाता कि साहित्य तो रस ग्रहण करने और आनंद लेने के लिए है, न कि केवल डिग्री लेने के लिए।

साहित्य में शोध

साहित्य में शोध की गुणवत्ता का काफ़ी ह्रास हुआ है। एक उदाहरण से यह बात अच्छी तरह समझी जा सकती है। श्रीमती बारबरा लौट्स (जर्मन अनुसंधित्सु) मुक्तिबोध पर पीएच. डी. कर रही थीं। मुक्तिबोध कुछ वर्ष नागपुर में रहे थे और उन्होंने हिंदी समाचारपत्र 'नया खून' में काम भी किया था। बारबरा जी 18 फरवरी 1998 को नागपुर आई थीं। उन्होंने मेरे साथ उन स्थानों को देखा, जहाँ मुक्तिबोध रहा करते थे, काम करते थे तथा जहाँ उनका उठना-बैठना था। मुक्तिबोध नागपुर में 1948 से 1960 तक रहे थे।

कुछ समय बाद नागपुर विश्वविद्यालय में विश्वविद्यालय अनुदान आयोग की ओर से मुक्तिबोध पर एक राष्ट्रीय गोष्ठी का आयोजन किया गया, जिसमें भारत के विभिन्न स्थानों से विद्वान आए थे। उनमें किसी ने भी यह इच्छा ज़ाहिर नहीं की कि उन स्थानों को देखा जाए, जिनका संबंध मुक्तिबोध से रहा हो। इसका अर्थ यह कदापि न समझा

जाए कि भारतीय छात्र शोध मन लगाकर नहीं करते। पीएच. डी. में अलग-अलग स्थानों पर अलग-अलग भ्रष्टाचार है। कुछ गाइड शोध कर्ता से घर का काम कराते हैं, कुछ गाइड अपने पास आए शोधग्रंथों को अपने शोध कर्ताओं से जँचवाते हैं। हमारे ज़माने में परीक्षक विद्यापीठ के अतिथिगृह में ठहरता था या गाइड के घर में। अब तो अधिकतर परीक्षक छात्र से ही हवाईजहाज़ का किराया लेते हैं और शानदार होटल में ठहरते हैं। परीक्षक को महँगे उपहार भी दिए जाते हैं।

संप्रति साहित्य में वे ही लोग दाख़िला लेते हैं, जिन्हें किसी प्रोफ़ेशनल कोर्स में ऐडमिशन नहीं मिल पाता है। कुछ समय पहले तक यह स्थिति नहीं थी। शिक्षा नीति बदलने से शायद यह स्थिति बदल जाए।

साहित्य में वर्णित कुछ असत्य मान्यताएँ

साहित्य में जो झूठ पढ़ाए जाते हैं, उनमें कुछ का ज़िक्र यहाँ किया जा रहा है। हंस मोती खाता है। चंदन के पेड़ के चारों ओर साँप लिपटे रहते हैं। साँप दूध पीता है। हुमा नाम की चिड़िया जिसके सिर से गुज़र जाए, वह राजा हो जाता है। वास्तव में ऐसी कोई चिड़िया होती ही नहीं है।

शिक्षक

हमारे देश का यह दुर्भाग्य है कि अधिकतर वे लोग शिक्षक बन गए हैं, जो शिक्षक बनना भी नहीं चाहते और वे शिक्षक बनने योग्य भी नहीं हैं। शिक्षक के चयन में भ्रष्टाचार भी है। विरासित में हमें द्रोणाचार्य-एकलव्य वाली गुरु-शिष्य परंपरा भी मिल गई है। मैं इस पेशे में इच्छा से आया और इस पेशे में पचास वर्ष रहा। मेरा अनुभव है कि अधिकतर अध्यापक अपने को द्रोणाचार्य का उत्तराधिकारी ही समझते हैं। दूसरे,

निम्नांकित श्लोक और कबीरदास का दोहा अध्यापकों को सातवें आसमान पर चढ़ा देते है।

गुरुर्ब्रह्मा गुरुर्विष्णु: गुरुर्देवो महेश्वरा:, गुरु: साक्षात् परब्रह्म तस्मै श्री गुरवे नम:।

कबीरदास की पंक्तियाँ:- गुरु गोबिंद दोऊ खड़े, काके लागूँ पाँय

बलिहारी गुरु आपकी गोबिंद दियो बताय।

इस अंध भक्ति के कारण ही राम रहीम और आसाराम पनपते हैं। मैं जब पढ़ाता था, तब कहता था कि अगर मैं आपसे अँगूठा माँगूँ, तो मुझे अँगूठा दिखाकर भाग जाना, तभी मैं समझूँगा कि मैंने तुम्हें सही शिक्षा दी है।

1961 में जब मैं पहली बार लेक्चरर हुआ, तो पाया कि ग़रीब और आदिवासी छात्र पढ़ने में कमज़ोर होते हैं। कुछ टीचर कहते थे कि इनके ब्लड में ही एजुकेशन नहीं है। यह सुनकर बड़ा दुख होता था। मेरे हिसाब से टीचर को सेवा भाव से पढ़ाना चाहिए। उसका काम छात्र को हतोत्साहित करना नहीं, वरन उसकी कमियों को दूर करने की कोशिश करनी चाहिए।

गूगल

आजकल गूगल गुरु का काम कर रहा है। लेकिन उसमें भी ग़लतियाँ रह जाती हैं। गूगल की जानकारी फूल-प्रूफ़ नहीं हैं। गूगल में हिंदी की मात्राओं की कई ग़लतियाँ मिल जाती हैं।

इतिहास

इसका कोई मापदंड नहीं है कि हम को कितना सही पढ़ाया जा रहा है। इतिहास जैसे विषयों में तो यह कहना और भी कठिन है। वामपंथी इतिहासकार यह मानते हैं कि भारत में जो कुछ अच्छा है, वह सब विदेशों से आया है। दक्षिण पंथी इतिहासकार मानते हैं कि जो कुछ अच्छा और अर्थवान है, वह सब प्राचीन भारत की ही देन है। छात्र असहाय है।

मूल्यांकन

भारत में अधिकतर संस्थाओं में मूल्यांकन में बहुत धांधली होती है। इसके कई कारण हैं। पहला, समय कम और उत्तरपुस्तिकाएँ ज़्यादा। ऐसे में न्याय संभव ही नहीं है। कुछ अन्य उदाहरण पेश हैं। उंचेहरा (मध्य प्रदेश) में 11 बोर्ड की परीक्षा (1967) में अर्थशास्त्र के लेक्चरर को इतिहास की उत्तरपुस्तिकाएँ भेजी गईं। नागपुर विश्वविद्यालय में एक मराठी-इतर परीक्षक से मराठी मीडियम की उत्तरपुस्तिका जँचवाई गई। एक परीक्षार्थी की कॉपी दूसरे परीक्षार्थी की कॉपी से बदल दी गई। ट्यूशन के छात्र या कभी-कभी महिला परीक्षार्थी को परीक्षा में तरजीह दी जाती है।

मैं स्वयं भुक्तभोगी रहा, इसलिए मैंने हमेशा कोशिश की कि मूल्यांकन में गड़बड़ी न हो। जब मैं पत्रकारिता विभाग का अध्यक्ष था, तब की तीन घटनाएँ प्रस्तुत हैं। मुझसे पहले विभाग में इंग्लिश मीडियम के पत्रकार ही टॉप करते थे। मेरे आने से ट्रेंड बदल गया। एक पत्रकार ने मुझे एक रोल नंबर दिया कि अमुक छात्र फ़ेल होना चाहिए। ऐसा ही मेरे एक मित्र ने भी कहा। किसी का मंसूबा पूरा नहीं

हो पाया। ऐसे लोग दुबारा पूछते भी नहीं हैं, क्योंकि वे नैतिक दृष्टि से डाउन रहते हैं।

पाठकों से निवेदन है कि वे अपना या दूसरों का मूल्यांकन परीक्षा में आए नंबरों के आधार पर न करें। इससे व्यक्ति में हीन भावना उत्पन्न हो सकती है, जिसका खामियाज़ा आपको ज़िंदगी भर झेलना पड़ सकता है।

इसी संबंध में एक घटना प्रसिद्ध लेखक डॉ. भोलानाथ तिवारी ने सुनाई। वे इलाहाबाद विश्वविद्यालय से भाषाविज्ञान का विषय लेकर हिंदी में पी-एच. डी. करना चाहते थे। लेकिन चूंकि उनके नंबर भाषाविज्ञान के पेपर में कम आए थे, इसलिए डॉ. धीरेंद्र वर्मा ने उन्हें ऐसा करने की अनुमति नहीं दी थी। बाद में डॉ. भोलानाथ तिवारी ने हिंदी में भाषाविज्ञान की सबसे अधिक पुस्तकें लिखीं।

भाषा:- भाषा के दो प्रकार्य (role) होते हैं---एक है संप्रेषण के लिए और दूसरा है शिक्षा के माध्यम के रूप में। दूसरे के लिए भाषा व्याकरण सम्मत होनी चाहिए। पहले के लिए यह आवश्यक नहीं है। इस अंतर को कुछ विद्वान भी नहीं समझ पाते हैं। इसलिए कई भ्रम पैदा होते हैं।

मेरी लेखकीय यात्रा

अक्सर लोगों का यह मानना है कि लेखक बचपन से ही कुछ लिखने का शौक रखते हैं। 1958 में जब मैं बरेली कॉलेज में बी.ए. में पढ़ता था, तब वहाँ एक कहानी प्रतियोगिता हुई, जिसका उद्देश्य था कि जो सबसे अच्छी कहानी होगी, उसे कॉलेज मैगज़ीन में छापेंगे। मेरी कहानी नहीं छपी, यह मेरा पहला असफल लेखकीय प्रयास था। नौकरी लगने पर जब मैं कोतमा में था, तो वहाँ एक व्यंग्य लिखा। उसका शीर्षक था 'उनका मौन'। यह भी कहीं नहीं छप सका। 1962 में उस समय ब्लिट्ज नाम का मुंबई से एक साप्ताहिक निकलता था। उसमें मेरा एक लंबा पत्र छपा था, जिसमें मैंने बनारस के पंडितों की पोल खोली थी।

लेखन प्रक्रिया प्रसव-पीड़ा से कम नहीं है। मातृत्व सुख इस अपार पीड़ा को बार-बार सहन करने के लिए पर्याप्त होता है। इसी प्रकार लेखक बार-बार इस दुख को इस आशा से झेलता है कि मेरी रचनाएँ कुछ पाठकों को अवश्य आनंदित करेंगी। सृजन का सुख केवल सृजक ही जान सकता है। अनजान पाठकों के पत्रों की दो पंक्तियाँ भी लेखक की इस पीड़ा को विस्मृत करने के लिए पर्याप्त होती हैं।

लेखक की प्रतिबद्धता जीवन से होनी चाहिए, न कि किसी वाद या आंदोलन से। यदि लेखक की प्रतिवद्धता जीवन से नहीं होगी, तो जीवन को पूर्णता में नहीं देख पाएगा। मैं आरंभ में साम्यवाद, फिर समाजवाद से प्रभावित रहा। पर लिखते समय सब वादों से दूर रहा। इस कारण कई बार अपने कामरेड साथियों से आलोचना भी सहनी पड़ी।

जब मैं नागपुर में लेक्चरर हो गया, उस समय मैं छुटपुट समाज सुधार के बारे में लेख लिखा करता था। जैसे मैंने दहेज के खिलाफ लेख लिखा। फिर मुझे ख्याल आया कि लेख से ज़्यादा प्रभावशाली कहानी होती है। पाठक पर कहानी का प्रभाव अधिक होता है। उससे पहले मैंने हिंदी साहित्य बहुत अधिक नहीं पढ़ा था। जब मैं बी.ए में था तो किराए पर उपन्यास मिलते थे। उस समय शरतचंद, प्रेमचंद्र के कुछ उपन्यास पढ़े थे। मेरी पत्नी एम.ए हिंदी में थीं और मुझे ऐसा भ्रम था कि साहित्यिक लेखन सिर्फ एम.ए. हिंदी वाले ही कर सकते हैं। एक रात मैंने अपनी पत्नी से कहा, 'मैं तुम्हें एक प्लाट देता हूँ, तुम एक कहानी लिख दो। पत्नी ने कहा, 'तुम लिख लो, मैं सुबह करेक्ट कर दूँगी।' उनका यह व्यवहार मुझे बड़ा अपमानजनक लगा और रात को ही मैंने एक कहानी लिख दी। सुबह पत्नी को न दिखाकर अपने एक साहित्यिक मित्र रज्जन त्रिवेदी को दिखा दी। उन्होंने उसमें छुटपुट सुधार करके दिल्ली से प्रकाशित महिलाओं की एक पत्रिका को भेज दी। इत्तिफ़ाक़ से वह कहानी छप गई। उसके बाद साहस बढ़ा और कुछ अन्य कहानियाँ लिखीं जो कई पत्रिकाओं में छपीं।

सोद्देश्य लेखन

मैं सदैव सोद्देश्य लेखन के पक्ष में रहा। जब मेरे कई व्यंग्य लेख पत्रिकाओं में प्रकाशित हो गए, तो 'मकड़ी का जाला' नाम से एक व्यंग्य संग्रह छपवाने का निर्णय लिया। इसके लिए मैं नागपुर से जबलपुर

गया, जहाँ मैंने अपने हाथ से टाइप किया हुआ व्यंग्य संग्रह व्यंग्य सम्राट हरिशंकर परसाई को दिया। उनसे निवेदन किया कि वे मेरा संग्रह पढ़कर यह बताएँ कि मैं सोद्देश्य लिखता हूँ या नहीं।

उन्होंने कहा, 'यदि पढ़कर मैं यह कहूँ कि आप सोद्देश्य नहीं लिखते हैं, तो क्या करेंगे।' मैंने कहा तब मैं व्यंग्य लिखना बंद कर दूँगा। मेरे पास भाषाविज्ञान में ही लिखने के लिए बहुत-कुछ हैं।

एक महीने बाद मैं परसाई जी से मिलने जबलपुर गया। वे मुझसे मिलकर बहुत खुश हुए और मेरे व्यंग्य के बारे में निम्नांकित लिख कर दिया:-

"डॉ. राम प्रकाश सक्सेना के कुछ व्यंग्य निबंध मैंने पढ़े। ये पत्र-पत्रिकाओं में प्रकाशित हो चुके हैं। सक्सेना विनोद और व्यंग्य के माध्यम से हमारे युग की आलोचना करते हैं। तमाम क्षेत्रों में विसंगतियाँ हैं, पाखंड हैं, मिथ्याचार हैं, असंतुलन हैं। इन पर सक्सेना की नजर जाती है। वे इसका अर्थ खोजते हैं और अपनी दृष्टि से अपनी शैली में इन्हें उद्घाटित करते हैं। वे सोद्देश्य लिखते हैं। विचार उनके अपने हैं। ये निबंध दिलचस्प हैं। वे कभी यथार्थवादी शैली अपनाते हैं कभी फंतासी। वे पौराणिक और ऐतिहासिक पात्रों तथा कथाओं-घटनाओं का भी उपयोग वर्तमान संदर्भ में करते हैं। मुझे ये निबंध दिलचस्प और समाज के लिए उपयोगी लगते हैं। मैं चाहता हूँ कि वे सोचें कि इन स्थितियों को, जिनसे वे असंतुष्ट हैं, बदलने का कोई तरीका भी हैं। मैं चाहता हूँ कि वे अधिक सफल हों।"

ह. हरिशंकर परसाई

परसाई जी के उपर्युक्त कथन से मुझे बहुत प्रेरणा मिली। मेरे लेखन पर एक छात्रा ने पीएच. डी. भी ली है। उसके अनुसार सक्सेना जी के

साहित्य में इस समय की ही नहीं, भविष्य की चिंताएँ भी पूरी तरह प्रतिच्छायित होती हैं।

मैंने लेखन के लिए कई माध्यमों का प्रयोग किया -- **सम्मेलन, कार्यशाला, परिचर्चा, आदि। स्तंभकार, लोकमत समाचार।** 'नारद जी की रिपोर्ट' नाम से हर गुरुवार को लोकमत समाचार (नागपुर से प्रकाशित एक दैनिक) में धारावाहिक व्यंग्य (कुल 144 अंक, 27 अगस्त 1992 को समाप्त) छपते थे। इसके बाद स्तंभ 'गुस्ताफ़ी माफ़' नाम से कुल 160 व्यंग्य प्रकाशित हुए, जो 'लोकमत समाचार' में 9 अप्रैल 1997 से प्रकाशित होना शुरू हुए थे। मेरी कई रचनाएँ आकाशवाणी नागपुर व भोपाल से प्रसारित हुईं। दूरदर्शन भोपाल से मेरा एक साक्षात्कार 02. 11. 1997 को प्रसारित हुआ।

नाटकों का मंचन : दो नाटक कमानी प्रेक्षागृह, मंडी हाउस, नई दिल्ली, रवींद्र भवन, भोपाल, बुटी हॉल, नागपुर तथा तोक्यो (जापान) के विश्वविद्यालयों के प्रेक्षागृहों में   मंचित हुए।

सम्मान तथा पुरस्कार

मुझे अपने लेखन के लिए 'महाराष्ट्र राज्य हिंदी साहित्य अकादमी' तथा 'उत्तरप्रदेश हिंदी संस्थान' द्वारा कई पुरस्कार मिले। कई संस्थानों द्वारा सम्मान भी मिले।

मेरी व्यंग्यों का अनुवाद

मराठी और इंग्लिश में तो मेरे व्यंग्य दो पुस्तकों के रूप में प्रकाशित हुए। छिट-पुट रचनाओं के अनुवाद पंजाबी, बंगला, गुजराती व मलयालम में प्रकाशित हुए।

लेखन पर प्रतिक्रिया (फ़ीड बैक)

मुझे अपने लेखन पर कई प्रकार की प्रतिक्रियाएँ मिली हैं। कुछ का ज़िक्र समीचीन होगा। जापान से प्रोफेसर यूकी शीता किसी सम्मेलन में दिल्ली आए थे। सम्मेलन के बाद वे 22 नवंबर 1981 को मुझसे मिलने नागपुर चले आए। उन्होंने बताया कि वे 'मकड़ी का जाला' के लेखक से मिलना चाहते थे। उन्होंने मेरा यह नाटक अपने विभाग में खेला भी था। मैंने पूछा कि यह नाटक उन्हें मिला कहाँ से। उन्होंने बताया, 'आपके विदेश मंत्रालय से 'गगनांचल' नाम से एक पत्रिका प्रकाशित होती है। उसमें आपका यह नाटक प्रकाशित हुआ था। हमारे विभाग में यह पत्रिका आती है। मैंने यह नाटक पढ़ा। मुझे बहुत अच्छा लगा, इसलिए मैंने यह नाटक अपने विभाग में मंचित करवाया। दर्शकों ने इसे खूब सराहा।'

मैंने पूछा, 'यह तो हमारी व्यवस्था में व्याप्त भ्रष्टाचार पर है। आपके दर्शकों को कैसे पसंद आया?'

उनका उत्तर था, 'हमारे देश में भी लगभग यही हाल है।'

मेरे लेखन के प्रशंसक विदेशों में भी हैं, यह जानकार मुझे जो प्रसन्नता मिली, उसका वर्णन करने के लिए मेरे पास शब्द नहीं हैं।

फ़ीडबैक की एक यादगार घटना एक और है। एक दिन मेडीकल कॉलेज की दो नर्सें मेरे घर आईं। उनका कहना था कि आपका एक लेख, 'कोल्याचं जालं' (मराठी में मूर्धन्य 'ल' है, जो हिंदी में लिखा नहीं जा सकता है।) नाम से मराठी पेपर में छपा है। उसमें यह लिखा हैं कि जब आप मेरे अर्थो वार्ड में भर्ती थे, तब मैंने आपके साथ दुर्व्यवहार किया। मेरे सीनियर डॉक्टर मुझे यह कहकर डाँट रहे थे कि इससे हॉस्पिटल की बदनामी हो रही हैं। आप यह बताइए कि आप मेरे वार्ड में कब आए थे। मैंने बताया कि मैं आपके वार्ड में 15 साल पहले भर्ती हुआ

था। उसी समय मेरा एक व्यंग्य लेख 'मकड़ी का जाला' नाम से दिल्ली से प्रकाशित एक पत्रिका 'साप्ताहिक हिंदुस्तान' में छपा था। 15 साल पहले क्या आप उस वार्ड में थीं?

उसने कहा, 'नहीं, मुझे तो इस वार्ड में आए हुए 3 साल ही हुए हैं।'

फिर मैंने उन्हें समझाया, मेरा लेख 15 साल पहले हिंदी में छपा था। कल के मराठी पेपर में जो छपा है वह उस लेख का मराठी अनुवाद है। इसके लिए आप जिम्मेदार कैसे हो सकती हैं। दूसरी बात यह है कि मेरा लेख एक व्यंग्य कथा है, वास्तविक घटना नहीं है। यदि आपका नाम उस कथा की नर्स से मिलता है, तो यह केवल एक संयोग मात्र है।

यह बात समझाने में मुझे करीब 1 घंटा लगा। तब उसने कहा, 'सर, आप मेडीकल कॉलेज आकर मेरे सीनियर डॉक्टर को यही बात समझा दीजिए। वे मेरी बात पर विश्वास नहीं करेंगे।'

इस काम के लिए मुझे मेडिकल कॉलेज जाना पड़ा। बाद में हम लोग इस घटना पर खूब हँसे।

फ़ीडबैक के बारे में मैंने एक बात नोट की कि जब मेरे व्यंग्यों के अनुवाद मराठी में छपे, तब पाठकों द्वारा बधाई के रूप में प्रतिक्रियाएँ अधिक मिलीं। लोकमत समाचार (नागपुर) में हर गुरुवार को प्रकाशित स्तंभ, 'नारद जी की रिपोर्ट' इतना अधिक लोकप्रिय हुआ कि लोग मुझे नारद जी के नाम से पुकारने लगे।

2013 में जब मैं अपने पुत्र के पास अमेरिका जा रहा था, तब मैंने तय किया था कि मैं नियमित लेखन बंद कर दूँगा। उसी समय मुंबई एयरपोर्ट पर चित्रकूट से एक अनजान पाठक का मोबाइल पर मेसेज आया, 'सर, मुझे आपका व्यंग्य संग्रह, 'चमचा चेयर का' इतना अच्छा लगा कि मैंने उसे दो बार पढ़ा, बड़ा मज़ा आया। ऐसे ही आप लिखते रहिए। मेरी शुभ कामनाएँ और बधाई।'

इस मोबाइल ने और लिखने के लिए ऊर्जा भर दी।

साक्षात्कार पत्रिका (भोपाल) में जब मेरी कहानी, 'फैसला' छपी, तभी भोपाल से किसी अनजान महिला का मोबाइल आया। उसने तारीफ़ में बहुत-कुछ कहा।

लोकमत समाचार में 'शंकर पार्वती ऑन टूर' नाम से मेरा एक व्यंग्य छपा था, उसपर दो पत्र मिले। एक में तारीफ़ थी, दूसरे में आलोचना। आलोचना वाले को उत्तर दे दिया। उसकी अभी तक याद इसलिए है कि मुझे जीवन भर आलोचना का एक ही पत्र मिला। उससे उनकी धार्मिक भावनाओं को ठेस लगी थी। ये दो पत्र सावनेर और यवतमाल से आए थे। मेरे लिए दोनों पत्र स्तुत्य रहे।

अविस्मरणीय घटनाएँ

जीवन में कुछ घटनाएँ ऐसे होती हैं, जो होती तो अप्रत्याशित हैं, पर उनकी छाप जीवन भर रहती हैं।

- 1955 की घटना है। उस समय मैं बरेली में कक्षा 10 में पढ़ता था। मैं किसी काम से पोस्ट ऑफिस गया था। वहाँ एक बूढ़ी महिला ने मुझसे अपना खत लिखने को कहा। दुर्भाग्य से उस समय मेरे पास पेन नहीं था। वह महिला बहुत दुखी हो गई क्योंकि उस समय खत लिखने के लिए खतनवीस दो पैसे लेते थे। मैं उस समय तो कुछ नहीं कर पाया। लेकिन उस समय के बाद हमेशा कागज़ और पेन रखता हूँ। न जाने किसको मेरी ज़रूरत पड़ जाए।

- यह घटना 9 मई 1958 की है। मेरे एक मित्र और क्लास फ़ेलो उस समय अपने भाई के पास मुरेना में थे। उस समय मैं अपनी बहन के पास डबरा में था। मित्र ने मुझ से बरेली लौटते समय मुरेना रुकने के लिए कहा था। मैं शाम को डबरा से मुरेना पहुँच

गया। थोड़ी देर में मैं अपने मित्र के साथ बाज़ार घूमने निकला। रास्ते में तीन मित्र और मिल गए। हम लोग घूम ही रहे थे कि एक साइकिल संभालने वाले से किसी बात पर मारपीट हो गई। दूसरे दिन सुबह मित्र के घर एक सिपाही आया। उसने मित्र से कहा, 'आपको थाने बुलाया है।'

मित्र ने मुझ से कहा, 'तुम भी साथ चलो। अकेले बैठे बोर होगे।'

जब हम लोग थाने पहुँचे, तो पहुँचते ही हमारा माँ-बहन की गलियों से स्वागत किया गया। रात के सभी मित्र वहाँ पहले से मौजूद थे। हम लोग समझ ही नहीं पाए कि क्या हो रहा है। थोड़ी देर में समझ में आया कि साइकिल वाले ने थाने में यह रिपोर्ट लिखवाई है कि हम पाँच लोगों ने डकैती डाली है। हम लोगों को थाने में बंद कर दिया गया। थाने में हम लोग 2 घंटे बंद रहे। इन 2 घंटों में हमने क्या नहीं सोच डाला। हमको लगा कि हम लोग अपराधी हैं और हम लोगों को कोई नौकरी नहीं मिलेगी। हमको अपना जीवन डाकुओं की तरह काटना पड़ेगा।

मित्र के बड़े भाई कलक्टरेट में थे। जब उनको पता चला, तो साथ में एस. पी. को ले आए। उन्हों ने मुझसे पूछा, 'क्या करते हो?'

मैं : 'मैंने इस साल एम. ए. इंग्लिश पार्ट 1 किया है।'

मेरी शक्ल-सूरत देखकर एस. पी. साहब पूरा मामला समझ गए और उन्होंने दरोगा से कहा, 'क्या तुम्हें यह लड़का डाकू लगता है?'

दरोगा चुप रहा, तब एस. पी. ने कहा, 'इन सब को छोड़ दो।'

इस घटना का प्रभाव मेरे ऊपर महीनों तक रहा। इस घटना पर मैंने कहानी भी लिखी। साधनहीन बच्चे जब धोखे से भी पुलिस के चक्कर में फँस जाते हैं, तो उनके पास अपराधी बनने के अलावा कोई विकल्प ही नहीं बचता।

- 'मैं कोटर (ज़िला सतना) में 2 कमरों के एक मकान में रहता था। 1965 मार्च में एम. ए. पार्ट 1 (भाषाविज्ञान) की परीक्षा देने सागर गया था। 2 पेपर देकर जब लौट कर आया तो पता चला मेरे घर में चोरी हो चुकी थी। पुस्तकों को छोड़कर चोर सब-कुछ ले गए थे। चारपाई की निवाड़ तक ले गए थे। पड़ोसियों से पता चला कि मुझे तत्काल थाने में चोरी हुए सामान की लिस्ट देना हैं।

मैं थाने गया और थानेदार को बताया कि लिस्ट बनाने में टाइम लगेगा।

मुझे अभी दो पेपर और देना हैं। पेपर देने के बाद मैं सामान की लिस्ट दे दूँगा। थानेदार बहुत नाराज़ हुआ। मैं बिना कुछ कहे चला आया। शाम को मेरे घर एक सिपाही आया। उसने मुझ से पूछा, 'आप को किसी पर शक है?'

मैंने कहा, 'नहीं'।

'अच्छा यह बताइए कि आप जब यहाँ से गए थे, तब किसको पता था?

मैं : दो स्टूडेंट मुझे बस तक पहुँचाने आए थे। मैंने सिपाही के पूछने पर उन स्टूडेंट के नाम बता दिए।

उसके बाद मैं सागर परीक्षा देने चला गया। जब मैं लौट कर आया, तो माहौल बदला हुआ था। मेरी अनुपस्थिति में पुलिस वालो ने उन स्टूडेंट के पिताओं से कहा कि सर चोरी में आपके लड़कों के नाम बता रहे थे। लड़कों के पिताओं ने पुलिस वालों को रिश्वत खिला दी, जिससे चोरी में उनके लड़कों के नाम न आएँ। जब मुझे पता चला तो मैंने उन पिताओं को समझाया कि मैंने आप के लड़कों का नाम नहीं लिया है। आप के लड़के तो मेरे प्रिय स्टूडेंट हैं। मैं उनका नाम कैसे ले

सकता हूँ। मैं इसकी रिपोर्ट एस. पी. से करूँगा। उन पिताओं ने मुझसे निवेदन किया कि मैं बात को आगे न बढ़ाऊँ। आप पुलिस वालों को नहीं जानते। उनसे पैसे तो वापस मिलने से रहे। किसी दूसरे मामले में और फँसा देंगे।

उसके बाद मैं थाने गया। सामान की लिस्ट दी और उन लड़कों के बारे में बताया। उनका व्यवहार मेरे प्रति बड़ा अपमानजनक रहा। थाने से मैं सीधे एस. पी. साहब के बंगले पर गया। मैंने उनको सब किस्सा सुनाया। दूसरे दिन एक सब इंस्पेक्टर पुलिस मेरे घर आया और थाने में मेरे प्रति अपने व्यवहार के लिए माफ़ी माँगने लगा और बोला, 'मैं प्रोबेशन पर हूँ। अगर एस. पी. साहब नाराज़ हो गए, तो मेरा करियर बिगड़ जाएगा। आप एस.पी. साहब से यह कह दीजिए कि मेरे विरुद्ध आप की कोई शिकायत नहीं हैं।

एस.पी. साहब की कृपा से मेरा 80 प्रतिशत सामान मिल गया। उन्होंने

मुझे यह भी बताया कि आपका पूरा सामान मिल सकता था। लेकिन जिसके घर में मेरा सामान था, उसके घर में पुलिस खाना-तलाशी लेने जाने वाली थी। पर रात को ऐसा फ़ोन गृह मंत्रालय से आया कि उस घर में तलाशी नहीं लेना।

इतनी बड़ी चोरी होने के बाद भी मैं विचलित नहीं हुआ। अपने एम. ए. के शेष दो पेपर बिना तनाव के दिए और सर्वोत्तम अंक पाए। इसका लाभ मैंने ज़िंदगी भर भोगा।

- ज़िला बदायूँ (उत्तर प्रदेश) में गंगा किनारे ककोड़ा मेला लगता है। मैं 20 नवंबर 1972 को मेले से बस द्वारा बदायूँ लौट रहा था। साथ में पत्रकार मित्र श्री पवन कुमार थे। एक हृदय विदारक घटना घटी। एक ट्रक का टायर बर्स्ट हो गया। ट्रक अपना बैलेंस

खो बैठा और सड़क किनारे बैठे लोगों पर चढ़ गया। हम कुछ लोग बस से उतर कर यह दृश्य देखने लगे। उस समय एक व्यक्ति के शरीर का कुछ हिस्सा ट्रक के आगे वाले एक पहिए के नीचे दबा था। ट्रक खाली था। वहाँ सैकड़ों आदमी इकट्ठा हो गए। मैं ज़ोर-ज़ोर से चिल्लाने लगा, 'हम लोग सब मिलकर आगे वाले पहिए को एक इंच भी ऊपर उठा दें, तो यह आदमी बचाया जा सकता है, क्योंकि उसकी साँसें चल रहीं थीं। कुछ लोग इस काम को करने के लिए तैयार होने लगे थे। उसी समय पाँच-छह गुंडे टाइप के लोग हम लोगों को धक्का देने लगे और कहने लगे, 'यह पुलिस केस है, हम लोग किसी को हाथ नहीं लगाने देंगे। वे लोग हम लोगों को धक्का देकर मारने लगे और हम लोगों को वहाँ से भागना पड़ा। वर्षों बीत गए, वह दृश्य अभी भी सालता रहता है। किसी की जान बचाने चले थे और अपनी जान पर आ गई।

▪ एक व्यक्ति मेरे घर पर भीख माँगने आया। मैंने उससे कहा, 'तुम हट्टे-कट्टे व्यक्ति हो, भीख क्यों माँगते हो। कुछ काम क्यों नहीं करते?

उसने कहा, 'मैं छत्तीसगढ़ से यहाँ काम की तलाश में ही आया था। काम मिला नहीं और पैसे निबट गए। मैंने कल से खाना नहीं खाया हैं।

मैंने पूछा, 'तुम क्या काम जानते हो?

'मैं इलेक्ट्रीशियन हूँ।'

मुझे उसकी बात में सच्चाई लगी। मैंने उसको खाना खिलाया। उसने नौ रोटियाँ खाईं। इससे पता चला कि वह बहुत भूखा था। खाने के बाद उसने कहा, 'अगर आपके यहाँ बिजली का कोई काम हो, तो मैं कर देता हूँ।'

मैंने कहा, 'इस समय कोई काम नहीं है। तुमको घर जाने के लिए कितने पैसे चाहिए?'

उसने पैसे बता दिए। मैंने कहा, 'यहाँ से स्टेशन कैसे जाओगे?'

'पैदल।'

मैंने कहा, स्टेशन बहुत दूर हैं। मैंने उसे रिक्शे के पैसे और रेलवे का किराया दे दिया। घर पहुँच कर उसने मुझे धन्यवाद का पत्र भी लिखा।

इससे मिलती-जुलती घटना और घटी। नागपुर में मैं अपने घर के सामने खड़ा था। उस समय एक व्यक्ति पैदल अपनी मोटर साइकिल के साथ उधर से निकला। उसने कहा, 'मेरी मोटर साइकिल में पेट्रोल नहीं हैं। मेरे पास पैसे भी नहीं हैं। मैं इधर से रोज़ अपने ऑफिस जाता हूँ। अगर आप 50 रूपए दे दें, तो कल मैं आपको वापस कर दूँगा। मेरे पास 100 का नोट था, वह उसको दे दिया। वह व्यक्ति ठग था। उसने पैसे वापस नहीं किए।

इन दोनों घटनाओं का सार यह हैं कि हमको ज़रूरतमंद और भिखारी या ठग में अंतर करना चाहिए। ज़रूरतमंद की ज़रूर मदद करनी चाहिए। ऐसा करने में कभी धोखा भी हो जाय, तो चिंता नहीं करना चाहिए।

- सन 1982-83 की बात है। मैंने बी. जे. में ऐडमिशन के लिए ईमानदारी से पढ़कर ऐप्टिट्यूड टेस्ट दिया। पेपर बहुत अच्छा हुआ, पर मेरा ऐडमिशन नहीं हुआ। मैंने इसकी शिकायत कुलपति से की। इस बीच तीन कुलपति बदले, लेकिन मेरी शिकायत पर किसी ने ध्यान नहीं दिया। विश्वविद्यालय में लेक्चरर होते हुए और पेपर बहुत अच्छा होने पर भी ऐडमिशन न होने पर मुझे इतनी अधिक मानसिक पीड़ा हुई कि सामान्य (normal) होने के लिए मुझे 2 सप्ताह के लिए अपने एक मित्र के पास

जबलपुर जाना पड़ा। कहने का तात्पर्य यह है कि प्रशासन से न्याय मिलना लगभग असंभव होता है, जब तक कोई बहुत बड़ी सिफ़ारिश न हो या बहुत बड़ा हो-हल्ला न हो। न्याय के लिए निर्णय बदलना पड़ता है और नौकरशाही की पूरी कोशिश होती है कि ग़लती समझते हुए भी यथास्थिति बनाए रखी जाए।

अगले वर्ष (1983-84) मित्र श्री प्रकाश दुबे ने घर पर फॉर्म लाकर दिया और आग्रह किया कि मैं फॉर्म भर दूँ, मेरा ऐडमिशन हो जाएगा। गत वर्ष किसी ग़लत फ़हमी के कारण ऐडमिशन नहीं हो पाया था। उस वर्ष स्पोंडीलाइसिस के कारण मैं ऐडमिशन लेना नहीं चाहता था। दुबे जी और पत्नी के आग्रह पर फ़ॉर्म भर दिया और ऐडमिशन हो गया। कुछ वर्षों बाद इसी डिग्री के आधार पर मुझे उसी विभाग का अध्यक्ष बना दिया गया।

- नौकरशाही की कई घटनाएँ पीड़ा देती रहती हैं, यद्यपि पैसे की दृष्टि से अब उनका कोई महत्व नहीं रहा। मेरे एक पुत्र को 3 वर्ष का मेरिट स्कालरशिप नहीं मिला। आज़ादी के इतने वर्षों में इतनी सरकारें आईं, लेकिन कोई भी सरकार नौकरशाही के भ्रष्टाचार को समाप्त नहीं कर पाई, क्योंकि नेता स्वयं इस भ्रष्टाचार में भागीदार हैं। ऐसी घटनाओं से एक साधनहीन सामान्य व्यक्ति को कितनी पीड़ा होती होगी। मैंने अपने साहित्य में इस पीड़ा को व्यक्त करने का भरसक प्रयत्न किया है।

- मैंने पत्रकारिता विभाग में क़ानून मंत्री को व्याख्यान के लिए बुलाया था। वहाँ एक छात्रा ने उनसे प्रश्न पूछा, 'शाह बानू के केस में सुप्रीम कोर्ट के निर्णय के बाद सरकार द्वारा 'मुस्लिम महिला क़ानून' बनाना न्यायसंगत था। मंत्री जी ने मेरी तरफ़

देखा। मैंने कहा, 'यह ऑफ द रिकार्ड' है। आप बेहिचक उत्तर दीजिए।' उनका उत्तर था, 'बिलकुल नहीं।' मंत्री कांग्रेस के थे।

गांधी आश्रम, सेवाग्राम

आश्रम में हिंदी में जो पोस्टर आदि लिखे हैं, उनमें हिंदी वर्तनी की कई ग़लतियाँ हैं। दर्जनों साहित्यकार सांसद सरकारी खर्च पर वहाँ आते रहते हैं। लेकिन कोई ध्यान नहीं देता। वहाँ राष्ट्र भाषा प्रचार समिति है और महात्मा गांधी अंतरराष्ट्रीय हिंदी विश्वविद्यालय भी है। लेकिन कोई ध्यान नहीं देता। मुझे यह राष्ट्रीय अपमान लगता है। विदेशों में किसी भी राष्ट्रीय स्मारक पर उनकी ही भाषा में ग़लत वर्तनी देखने को नहीं मिलेगी। मैंने कई बार प्रयत्न किया कि ग़लतियाँ सुधार दी जाएँ। वहाँ के कार्यकर्ताओं से कुछ न कुछ बहाना मिलता रहा। एक बार मैंने ठान ली कि यह काम कर के ही रहूँगा।

पता चला कि आश्रम के इंचार्ज औरंगाबाद में रहते हैं और कभी-कभी आश्रम आते हैं। मैंने ईमेल से उनसे संपर्क किया। मैंने उनको अपना मंतव्य बताया। आश्रम में जहाँ-जहाँ लिखा है, लिखा तो हिंदी में है। लेकिन उनमें कई जगह वर्तनी की ग़लतियाँ हैं। राष्ट्र हित में मैं यह काम अपने खर्च से करा दूँगा। उस के बाद यदि कोई मेरी ग़लती निकालता है, तो मैं उसको पाँच हज़ार इनाम भी दे दूँगा। आप जब भी सेवाग्राम आ रहे हों, आप मुझे सूचित कर दें। मैं नागपूर से आपके बताए नियत समय पर सेवाग्राम पहुँच जाऊँगा। आपको केवल पहले से एक पेंटर का प्रबंध करना है। उसका पूरा पेमेंट मैं करूँगा। इंचार्ज के सकारात्मक उत्तर के बाद मैं हिंदी प्रोफ़ेसर डॉ. सोनिया जेसवानी के साथ 22 मार्च 2015 को नियत समय पर सेवाग्राम पहुँच गया। मैंने पूछा कि पेंटर कहाँ है। उत्तर मिला, 'अभी आदमी भेज कर पेंटर को बुलवा लेते हैं।' एक घंटे बाद वह व्यक्ति लौट आया और कहा, 'आज

संडे है, पेंटर की दुकान बंद है।' मेरी खामोश नाराज़गी को देखते हुए इंचार्ज बोले, 'सॉरी सर। आप मुझे अंदाज़ से रकम दे जाइए। मैं स्पेलिंग ठीक करा दूँगा।'

मैंने कहा, 'मैं ऐसा नहीं कर सकता। यदि आप इस काम को करने के लिए सक्षम होते, तो मुझे यहाँ नहीं पड़ता। आप इस काम के महत्व को समझते ही नहीं हैं।

दिल की तमन्ना दिल में रह गई। अब मैं बेंगलूरु में रहता हूँ। उम्र की वजह से अब सेवाग्राम जाना भी मुश्किल है। आशा है कि मुझ जैसा कोई झक्की इस काम को पूरा कर देगा। वैसे सच तो यह है कि हमारे राष्ट्रीय स्मारकों पर हिंदी वर्तनी की ग़लतियाँ आसानी से मिल जाती हैं। हमको लज्जा नहीं आती।

- आदर्श ज्येष्ठ नागरिक संस्था, नागपुर ने मुझे 1 अक्तूबर 2014 को एक व्याख्यान के लिए निमंत्रित किया। मैंने 'सार्थक बुढ़ापा' पर अपने विचार व्यक्त किए। लगभग 2 सप्ताह बाद एक व्यक्ति राजीव गांधी पार्क, नागपुर में अनायास मिल गया। उसने मेरे पैर छुए, जो मुझे कुछ अटपटा-सा लगा। वह कहने लगा, 'आपने उस दिन 'सार्थक बुढ़ापा' पर जो लेक्चर दिया था, उससे तो मेरी ज़िंदगी बदल गई। मैं अपने को सदैव व्यस्त रखने लगा हूँ और जीवन बहुत खुशी के साथ गुज़र रहा है।' मैंने उत्तर दिया, 'मैं कृतज्ञ हूँ कि मेरे शब्दों से आपको कुछ लाभ हुआ।'

- **प्रसिद्धि का नशा:**- नशे में आदमी असामान्य व्यवहार करता है। उसी प्रकार जब किसी पर प्रसिद्धि का नशा चढ़ जाता है, तब वह दूसरों को मूर्ख समझने लगता है। प्रसिद्धि मिलने पर सलाह देने वाले मित्र घटते-घटते समाप्त हो जाते हैं और उनका स्थान चमचे लेते जाते हैं। अपने जीवन से कुछ उदाहरण पेश हैं;- एक

बार नागपुर में राष्ट्र भाषा प्रचार समिति में हिंदी दिवस मनाया जा रहा था। इसके लिए उज्जैन से हिंदी के एक प्रसिद्ध कवि को बुलाया गया। उन्होंने अपने लगभग एक घंटे के भाषण में हिंदी पर एक शब्द नहीं बोला। वे केवल संस्कृत के महत्व पर बोलते रहे। दूसरी घटना भी कुछ इसी प्रकार की है। नागपुर के प्रसिद्ध विद्वान मौलाना अब्दुल पारेख जी के जन्मदिन पर उनके लड़के हर वर्ष एक व्याख्यानमाला का आयोजन करते हैं। एक बार प्रसिद्ध पत्रकार को दिल्ली से बुलाया गया। व्याख्यान नागपुर विद्यापीठ के कन्वोकेशन हॉल में 28 अगस्त 2015 को रखा गया था। वे भी अपने एक घंटे के व्याख्यान में पत्रकारिता पर बोलते रहे। जिस विषय पर बोलने के लिए वक्ता ने पैसा लिया था, उसपर एक शब्द नहीं बोले। क्या यह अनैतिकता की श्रेणी में नहीं आता? अगली घटना कुछ भिन्न प्रकार की है। हम लोगों द्वारा आयोजित एक प्रोग्राम में नागपुर के कमिशनर और मराठी के एक प्रसिद्ध वक्ता को बुलाया गया। कमिशनर साहब ठीक नियत समय पर 5 बजे घटना स्थल पहुँच गए। 6 बजे तक इंतज़ार करने के बाद जब वक्ता को फ़ोन लगाया गया, तब उत्तर मिला, 'साहब अभी-अभी पूजा पर बैठे हैं। पूजा के बाद आएँगे।' विदेशों में समय की पाबंदी का ध्यान रखा जाता है। हमारे देश में यदि कोई प्रसिद्ध व्यक्ति समय पर आ जाए, तब आश्चर्य होता है।

इनामों की दुनिया

मार्केटिंग के इस युग में कई घपले प्रचलित हैं। इसमें कुछ लोग अज्ञानतावश फँस जाते हैं और कुछ लोग जानबूझकर इसमें फँसते हैं। इस घपले के कार्य करने का तरीका (Modus operandi) इस प्रकार है।

आपके पास एक पत्र आएगा या आपके पास ईमेल के द्वारा यह सूचना आएगी कि आपकी विद्वता को देखकर आपका नाम Asia's Who's Who या World's Who's Who में चुना गया है। यह पुस्तक जब प्रकाशित होगी तो उसकी एक प्रति आपको भेज दी जाएगी। इस पुस्तक का मूल्य हजारों पौंड या हजारों डॉलर होता हैं। आरंभ में आपको एक सर्टिफिकेट भेज दिया जाएगा जिसमें यह जानकारी रहेगी कि आपका बायो डाटा पुस्तक के किस पृष्ठ पर छपा हैं। इसके लिए आप इस पते पर इतने रुपए भेज दीजिए। अधिकतर लोग सोचते हैं कि मेरा नाम इस पुस्तक में आ जाएगा तो मैं अमर हो जाऊँगा। आपके द्वारा निश्चित धन राशि भेजने के बाद आपको एक कागज़ का सर्टिफिकेट भेज दिया जाता है। इसके बाद आप इस सर्टिफिकेट के

आधार पर अख़बार में अपने फोटो के साथ छपवा देते हैं। आपके मित्र इसके लिए आपको बधाई देते हैं और आप प्रसन्न हो जाते हैं। अच्छे अच्छे विद्वान प्रोफेसरों को मैं ने इस षडयंत्र में फँसते हुए देखा हैं। मुझे अपने जीवन में एक घटना से काफ़ी पीड़ा हुई कि मेरे एक गुरु विद्वान थे। उन्होंने अपने बायो डाटा में Asia's Who's Who का ज़िक्र किया। मेरे पास इस तरह के कई पत्र आते रहते हैं। अभी-अभी मुझे Global Economic Progress & Research Association से एक पत्र मिला कि मुझे बैंगलोर के एक फाइव स्टार होटल में Bharat Ratna Dr. Abdul Kalam Gold Medal Award से सम्मानित किया गया हैं। मैंने कोई उत्तर नहीं दिया। बाद में उनका एक पत्र आया कि आपने हमारे मेंबरशिप की न्यूनतम राशि 12,500/- अभी तक नहीं भेजी। मैंने उन्हें ईमेल से व्यंग्यात्मक सूचना भेजी कि मैंने इससे कम धन राशि में इस नाम का एक मेडल बनवा लिया है।

कुछ सरकारी व ग़ैर सरकारी संस्थाएँ भी पुरस्कार देती हैं। इनमें कुछ पुरस्कार पुस्तकों पर दिए जाते हैं। ये तो ठीक होते हैं। लेकिन जो पुरस्कार हिंदी सेवा के नाम से दिए जाते हैं, उनमें घपले होने की संभावना रहती है। मैं ऐसे कई लोगों को जानता हूँ, जो शुद्ध हिंदी नहीं लिख सकते, लेकिन उनको हिंदी सेवा के लिए धन या सर्टिफ़िकेट से नवाज़ा गया है।

यात्राएँ : देशी व विदेशी

बचपन से ही मुझे निम्नांकित पंक्तियाँ सदैव प्रेरणा देती रहीं।

सैर कर दुनिया की गाफ़िल, ज़िंदगानी फिर कहाँ?

ज़िंदगी गर कुछ रही तो, नौजवानी फिर कहाँ?

महापंडित राहुल सांकृत्यायन ने तो 'घुमक्कड़ शास्त्र' नाम से एक पुस्तक ही लिख दी। इस पुस्तक से मैंने बहुत-कुछ सीखा। यात्राएँ ज्ञान का एक बहुत बड़ा स्रोत है। कई देशों में हर छात्र ग्रेजुएशन के बाद देशाटन को जाता है। यायावर ही संसार में नाम कमाते हैं। सम्राट अशोक के पुत्र महेंद्र जैसे लोग जब तक भारतीय यायावरी करते रहे, तब तक हमारी संस्कृति पहले हिंदू और फिर बौद्ध पूरे दक्षिण पूर्व एशिया में फैलती रही। म्यांमार , इंडोनेशिया, मलेशिया, सिंगापुर, जापान, चीन, कोरिया, वियतनाम, श्रीलंका में अभी भी भारतीय संस्कृति के अवशेष दिखाई पड़ते हैं।

दुर्भाग्यवश एक समय में हिंदू धर्म के ठेकेदारों ने समुद्र यात्रा वर्जित कर दी थी। इसके दुष्परिणाम हमें अभी तक भुगतने पड़ रहे हैं। राहुल सांकृतायन बहुत बड़े यायावर थे। उनकी सलाह थी कि ज्ञान के लिए यात्रा अकेले करनी चाहिए। अगर आप किसी के साथ जाएँगे, तो आप उसी से बातें करते रहेंगे। आजकल प्रायोजित यात्राएँ (conducted tour) चल पड़ीं हैं। यह ज्ञान के स्रोत नहीं हो सकते।

हमारा देश स्वयं एक महाद्वीप है। पहले हमको अपना पूरा देश देखना चाहिए। उसके बाद विदेश जाना चाहिए।

मैंने अपने देश की कई बार कश्मीर से कन्याकुमारी तक और मिज़ोरम से गुजरात तक अकेले यात्रा की हैं। मैं ने 17 विदेशी (नेपाल, चीन, थाईलैंड, मलेशिया, सिंगापुर, ओमान, दुबई (संयुक्त अरब अमीरात), मिस्र, मॉरीशस, यू. के., जर्मनी, फ्रांस, बेल्जियम, स्विट्जरलैंड, नीदरलैंड, इटली, यू. एस. ए.) यात्राएँ भी की हैं। संप्रति गूगल पर काफ़ी जानकारी मिल जाती हैं, इसलिए कुछ देशों के बारे में ही लिखूँगा।

थाईलैंड:- थाईलैंड की नस-नस में भारतीय संस्कृति बसी है। जैसे थाई वासियों पर हिंदू तथा बौद्ध धर्म का प्रभाव बढ़ता गया, वैसे-वैसे उनकी भाषा में संस्कृत तथा पाली के हज़ारों अनेकाक्षरी शब्द भी आने लगे। यहाँ यह द्रष्टव्य है कि इन शब्दों का लिखित रूप तो बिल्कुल भारतीय है, पर उच्चारण इतना भिन्न है कि केवल सुनकर आप उनके स्रोत को नहीं पहचान सकते, जैसे 'नगर' और 'पुरी' के उच्चारण हैं - [नाखोन और बुरी]। अधिकतर थाईवासी नामकरण में एक ऐसा नाम भी रखते हैं जिसका स्रोत भारतीय है। उदाहरणार्थ पुरुषों के कुछ नाम देखिए - अभिजात, नवगुण, आदित्य, सोभण, सूर्या, अमिताभ, सुद्धिवंश, विरति, अरूण। इसी प्रकार कुछ स्त्री नामों पर दृष्टि डालिए - रत्ना , मधुरस, सोभा, सुमाली।

स्थानों व क्षेत्रों के नाम : थाई देश की प्राचीन राजधानी का नाम अयोध्या ही था। इसके अतिरिक्त 'पुरी' लगाकर कई नाम थाई देश में प्रचलित हैं, जैसे बज्रपुरी, राजपुरी, कंचनपुरी, चंदपुरी, जनपुरी, मंदपुरी, प्राचीनपुरी, सिरिपुरी, धनपुरी। एक 'पुरीराम' भी है। 'नगर' लगाकर भी थाई में कई नाम प्रचलित हैं। इनमें सबसे प्रसिद्ध नाम 'नगर पठम' ('प्रथम' का पाली रूप) का है। इसका यह नाम इसलिए पड़ा कि थाई देश में सबसे प्रथम स्तूप की स्थापना इसी नगर में हुई। अन्य नाम 'नगर नायक' हैं। कुछ नाम 'धानी' लगाकर भी बने हैं, जैसे सुराज धानी, पदुमधानी, उत्रधानी (उत्तर का थाई रूप)।

ज्योतिष शब्दावली:- समय गणना में भारत सदैव ही विश्व में अग्रणी रहा है। थाई देश में ज्योतिष का ज्ञान भारतीय धर्म तथा संस्कृति के साथ-साथ पहुँचा। भारत की भाँति थाई देश में महीना चंद्र पर आधारित है, जो शुक्ल पक्ष प्रथमा से प्रारंभ होता है और अमावस्या को समाप्त। उत्तर भारत में महीना कृष्ण पक्ष प्रथमा से आरंभ होकर पूर्णिमा को समाप्त होता है। दोनों देशों में चंद्र वर्ष और सूर्य वर्ष में एकरूपता लाने के लिए हर तीन वर्ष बाद एक अधिक मास होता है। थाई देश में चंद्र वर्ष अग्रहायण से प्रारंभ होता है तथा महीनों को पहला, दूसरा, तीसरा, आदि नामों से जाना जाता है।

संवत : थाई में संवत को 'शक राज' कहा जाता है। वहाँ भी कई संवत प्रचलित हैं, पर राष्ट्रीय स्तर पर दो का महत्त्व अधिक है - (1) बुध शकराज (संक्षिप्त रूप ब. श.) तथा (2) ग्रिस्त शकराज (संक्षिप्त रूप ग. श.)। ग्रिस्त का अर्थ ईसा होता है।

थाई वासियों ने अपने राष्ट्रीय कलेंडर में भारतीय तथा ग्रिगोरियन कलेंडरों का सुंदर सम्मिश्रण किया है। दोनों संवत एक जनवरी से प्रारंभ होते हैं, पर थाई महीनों के नाम राशियों पर आधारित हैं:-

गिरिगोरियन	थाई	गिरिगोरियन	थाई
जनवरी	मकरा गोम	फरवरी	कुंभबंध
मार्च	मीना गोम	अप्रैल	मेषा योन
मई	वृषभा गोम	जून	मिथुना योन
जुलाई	कर्कडा गोम	अगस्त	सिंह गोम
सितंबर	कन्या योन	अक्तूबर	तुला गोम
नवंबर	वृशिचका योन	दिसंबर	धनवा गोम

नोट : जो महीने 31 दिनों के हैं उनके नाम के आगे 'गोम' (जिसका अर्थ 'पैना' होता है) लगा दिया जाता है। जो महीने 30 दिनों के होते हैं, उनके आगे योन (जिसका अर्थ 'छोटा' होता है) प्रयुक्त किया जाता है। 28 दिनों के महीने 'कुंभ' के आगे 'बंध' शब्द का प्रयोग किया जाता है।

फलित ज्योतिष : थाई देश ने फलित ज्योतिष भी भारत से ग्रहण किया है। वहाँ नक्षत्रों के वे ही नाम हैं, जो भारत में प्रचलित हैं। उनका वर्णन ऊपर दिया जा चुका है। वहाँ भी जन्म पत्रिका बनाई जाती है। उनकी जन्म पत्रिकाएँ दक्षिण भारतीयों की भाँति गोल होती हैं। थाई जन्म पत्रिकाओं में रवि, चंद्र, मंगल, बुध, गुरु, शुक्र, शनि, राहु, केतु ग्रहों के लिए क्रमश: 1,2,3,4,5,6,7,8 व 9 नंबरों का प्रयोग किया जाता है।

साहित्य तथा लोक कलाएँ:- बौद्ध सिद्धांतों तथा जातक कथाओं ने न केवल थाई साहित्य को वरन लोक कथाओं को पूर्णतया प्रभावित किया है। मंदिरों तथा मठों में जातक कथाओं तथा रामायण पर आधारित सुंदर भित्ति-चित्र व तैल-चित्र दिखाई देते हैं। थाई वासियों ने हमारे प्राचीन साहित्य की भी रक्षा की है। वर्षों पहले तिपिटक (त्रिपिटक) भारत से लुप्त हो गया था। पर थाई देश में उपलब्ध था।

थाई देश की नृत्य-नाटिकाओं में राम-रावण प्रसंग तथा सुर-असुर युद्ध को दर्शाया जाता है। खोन (मुखौटा) नृत्य थाई शास्त्रीय नृत्य का एक भाग है। इसमें राम- रावण युद्ध दिखाया जाता है। इसमें हनुमान नृत्य विशेष प्रसिद्ध है।

अन्य समानताएँ:- यदि आप थाई देश जाएँ, तो हर भारतीय को ऐसी बहुत सी चीज़ें मिलेंगी, जिन में भारतीयता झलकती है। उन्होंने योग का प्रचलन भारत से ही सीखा। भारत की भाँति वहाँ कई भिक्षु समाधि लेकर अपने प्राण त्यागते हैं। वहाँ मालिश (मसाज) का बहुत अधिक प्रचलन है। भारत के प्राचीन चिकित्सा- शास्त्र की पुस्तक चरक संहिता में मालिश की महत्ता पर प्रकाश डाला गया है। थाईवासियों की मान्यता है कि उन्होंने यह विज्ञान और कला भारत से ही सीखी। भारत की भाँति वहाँ भी अतिथि को देवता का रूप माना जाता है। थाई घर में प्रवेश करते समय जूते बाहर उतारते हैं। महाराष्ट्र में यह परंपरा अब भी है। भारत की भाँति थाई सामान्य जन धार्मिक हैं, पर लोगों में धार्मिक कट्टरता नहीं है। भारत की तरह वहाँ हर नागरिक को अन्य धर्म मानने की पूर्ण स्वतंत्रता है।

संस्कृति की समानता के कारण थाई देश में हिंदी फिल्मों को बहुत पसंद किया जाता है। इन फिल्मों को थाई भाषा में 'डब' करके ही प्रदर्शित किया जाता है।

सभी पड़ोसी देशों में भारतीय संस्कृति का बोलबाला है। महत्वपूर्ण बात यह है कि थाई वासी स्वयं ही संस्कृति के मामले में भारत को अपना गुरु मानते हैं तथा वे आज भी सांस्कृतिक खुराक भारत से प्राप्त करने की आशा करते हैं। उनको शिकायत है कि इस मामले में भारत अपना कर्त्तव्य नहीं निभा रहा है। इसी कारण वहाँ चीन का सांस्कृतिक वर्चस्व बढ़ रहा है। चीन का सांस्कृतिक अतिक्रमण रोकने के लिए भारत

को पहल करनी चाहिए। वहाँ पाली और संस्कृत पढ़ाई तो जाती हैं पर उच्चारण ठीक नहीं पढ़ाया जाता। साहित्यिक तथा सांस्कृतिक आदान-प्रदान से दोनों देश लांभान्वित होंगे।

थाईलैंड बौद्ध देश है। लेकिन वहाँ हिंदू धर्म के कुछ अवशेष अभी भी मिलते हैं, क्योंकि वहाँ बौद्ध धर्म से पहले हिंदू धर्म का प्रचलन था। दो उदाहरण पर्याप्त होंगे। वहाँ श्राद्ध का प्रचलन है। श्राद्ध को वहाँ 'स्रात' कहते हैं। दूसरे, हर वर्ष फसल से पहले वहाँ का राजा एक बड़े समारोह में हल चलाता है, उस समय कुछ ब्राह्मण सफेद कपड़े पहने आगे-आगे चलते हैं। यह एक परंपरा निर्वाह मात्र है। ये ब्राह्मण हिंदू धर्म से परिचित भी नहीं हैं। वे हिंदू धर्म की किसी भी पुस्तक से परिचित नहीं हैं। वे केवल थाई भाषा बोलते हैं। हल समारोह के अतिरिक्त इनको वह सम्मान प्राप्त नहीं है, जो बौद्ध भिक्षुओं को दिया जाता है।

मलेशिया

मैं 21 अक्तूबर को मलेशिया की राजधानी कुआला लम्पूर में The First Intrtnational Conference of Ramayan and Mahabharat में में अपना पेपर पढ़ने और एक सत्र की अध्यक्षता करने गया। एयरपोर्ट पर हम लोगों का स्वागत करने कई भारतीय मूल के वहाँ के नागरिक आए थे। वे हम लोगों से मिलकर बहुत खुश थे। उनमें अधिकतर लोग तमिल भाषी थे। हम लोगों की बातचीत का माध्यम इंग्लिश था। वहाँ की राजभाषा में बहुत से तत्सम और तद्भव शब्द हैं। कई मुस्लिम नागरिकों के नाम तत्सम हैं। कुछ मस्जिदों के अंदर तालाब थे, उनमें कमल के फूल खिले थे। विदेशों में अपनी संस्कृति को देखकर कितना आनंद आता है, यह प्रत्यक्ष दर्शी ही अच्छी तरह समझ सकता है।

यूरोप और संयुक्त राज्य अमेरिका

यहाँ के देशों में लेखकों के तथा अन्य राष्ट्रीय स्मारकों का रख-रखाव बहुत अच्छा है। इंग्लैंड में शेक्सपियर के जन्म स्थान पर उसके कई स्मारक बने हुए हैं। उनसे पैसा भी खूब कमाया जा रहा है। इंग्लैंड के प्रसिद्ध उपन्यासकर चार्ल्स डिकेंस का एक स्मारक चैथम (Chatham) में बना हुआ था। यह स्मारक 25 मई 2007 को 'Dicken's World' नाम से खुला था और 12 अक्तूबर 2016 को बंद हो गया। मैं 2 जून 2007 को इस स्मारक को देखने गया। वहाँ डिकेंस के समय का पूरा संसार ही बना दिया था। उस समय जेब कतरे बहुत थे। उस वास्तविकता को दर्शाने के लिए कुछ व्यक्तियों को रखा गया था। वहाँ मेरा पर्स चुरा लिया गया। मैं परेशान हो गया। थोड़ी देर बाद मेरा पर्स वापस कर दिया गया। चूँकि मैंने डिकेंस के उपन्यासों को पढ़ा था। इसलिए वह स्मारक मुझे बहुत अच्छा लगा। काश अपने देश में भी लेखकों के ऐसे स्मारक होते।

जब मैं रेडिंग (लंदन के पास एक शहर) में था, तब रोज़ पुस्तकालय जाता था, रास्ते में एक घर पड़ता था। उस घर के पास एक कार खड़ी थी। उस कार पर एक बोर्ड टंगा था, जिस पर लिखा था, 'Listen my prayer, Steal this car.'(मेरी प्रार्थना सुनो, इस कार को चुरा लो।)

मैं रोज़ वह कार देखता रहा, लेकिन कोई चोर नहीं आया। बाद में पता चला कि इंग्लैंड में पुरानी कार फेंकना बहुत महँगा पड़ता है। हमारे लिए यह बात अजूबा थी।

जर्मनी

23 जुलाई 1982 को एक जर्मन छात्र नागपुर आया। उसने मुझसे कहा, "मुझे 3 सप्ताह में हिंदी व्याकरण की बारीकियों को आपसे समझना

है। हमारा समय 2 घंटे तय हुआ था। वह दो घंटे पढ़ने के बाद मेरे घर में बच्चों के साथ खेलता था। कभी अमरूद के पेड़ पर चढ़कर बच्चों के साथ ऊधम करता रहता था। हिंदी व्याकरण की कई बारीकियों को समझाने के लिए मुझे इंग्लिश का सहारा लेना पड़ता था। उसका नाम George था, जिसको जर्मन में गियोर्ग बोला जाता है। मैं भी उसको सदैव गियोर्ग ही बोला करता था। साथ ही, हिंदी में Berlin को 'बेर्लिन' तथा Germany को 'डायचलान्ट' बोलता था।

1984 में जब मैं एक सम्मेलन में ब्रूसेल्स गया, तब उसने मुझे जर्मनी बुलाया। उस समय पश्चिम जर्मनी था। उसने अपनी कार से उत्तर से दक्षिण तक लगभग पूरा जर्मनी घुमाया। पहले दिन उसने मुझे होटल में भारतीय भोजन कराया और शराब भी पिलाई। जब मैंने खाने के पैसे देने की कोशिश की, तो उसने कहा, 'जर्मनी में आपका पैसा नहीं चलेगा।' विदेश में भारतीय खाना महँगा होता है, इसलिए इसके बाद मैंने केवल जर्मन खाना खाया और शराब भी नहीं पी। वह यह बात समझ गया। उसने कई बार मुझसे भारतीय भोजन लेने के लिए आग्रह भी किया, पर मैंने मना कर दिया। मुझे नैतिक दृष्टि से यह बिलकुल ठीक नहीं लगा कि दूसरे के पैसे से महँगा खाना खाया जाए।

इटली

जब मैं अगस्त 1984 में इटली गया, तो वहाँ की दो घटनाओं का ज़िक्र करना समीचीन होगा। वैटिकन सिटी के चर्च में एक यूरोपीय महिला को इसलिए नहीं घुसने दिया, क्योंकि उसने पूर्ण रूप से अपने पैरों को ढका नहीं था, यद्यपि वह बार-बार मिन्नतें करती रही।

रोम (असली नाम Roma) में एक फाउंटेन है, जहाँ लोग इसलिए पैसा डालते हैं कि वहाँ दुबारा आने को मिलेगा। जब मैं वहाँ गया, तो एक पर्यटक से दोस्ती हो गई। बातों-बातों में उसने मुझे इटली का लोक

नृत्य देखने के लिए प्रेरित किया। बातों-बातों में ही वह मुझे एक होटल ले गया। वहाँ जैसे ही कुर्सी पर बैठा, एक युवती बगल में चिपक कर बैठ गई। मैं तत्काल स्थिति भाँप गया। मैं तत्काल उठा और बोलने लगा, 'My friend outside, taking him here.' यह वाक्य बोलते-बोलते मैं होटल के बाहर निकल आया और वहाँ से तब तक दौड़ लगाई, जब तक मैं एक सिपाही के निकट न आ गया।

यायावरी का उद्देश्य मनोरंजन और ज्ञान दोनों हैं। यायावरी का पूर्ण आनंद अकेले ही लिया जा सकता है। लेकिन अकेले यात्रा में इस प्रकार की धोखाधड़ी की संभावनाएँ भी रहती हैं। एक कहावत है कि दुर्घटना आने के पूर्व दस्तक अवश्य देती है। अकेले यात्रा करें, तो अतिरिक्त सावधान रहें।

फ़्रांस

जब मैं 7th World Applied linguistics Conference में अगस्त 1984 में 'Transliteration' पर अपना पेपर पढ़ने ब्रूसेल्स गया, तब वहाँ उद्घाटन समारोह में मेरी मुलाक़ात एक फ़्रेंच से अनायास हो गई। हम 4-5 भारतीय एक साथ बैठे थे। उसने किनारे पर बैठे एक भारतीय से पूछा, 'क्या प्रोफेसर गोस्वामी इस सम्मेलन में आए हैं?' उत्तर मिला, 'नो सर।'

उस व्यक्ति ने फिर पूछा, 'क्या वे आएँगे?' उत्तर मिला, 'आइ डोंट नो।'

मैं पंक्ति में तीसरे नंबर पर बैठा था। मैंने उत्तर दिया, 'प्रोफेसर गोस्वामी मेरे भी मित्र हैं। उनके आने की कल संभावना है।'

मेरी बगल में सीट खाली थी। वह बिना कुछ कहे उस खाली सीट पर बैठ गया। जब उद्घाटन समारोह समाप्त हुआ, तब उसने कहा, 'क्या आप यूरोप में पहली बार आए हैं?'

मैंने कहा, 'हाँ।'

उसने कहा, 'क्या आप अभी रात में ब्रूसेल्स घूमना पसंद करेंगे?'

मैं:- "नेकी और पूछ-पूछ।'

फ्रेंच:- इसका मीनिंग क्या है? मैं इतनी हिंदी नहीं समझता। मेरे पिता इंडियन थे और माता फ्रेंच। मैं अपने पिता का सरनेम सिंह लिखता हूँ।'

हम लोग रात 2 बजे तक कार से ब्रूसेल्स शहर घूमते रहे। एक रेस्तराँ में भातीय खाना भी खाया। बाद में उसने मुझे उस हॉस्टल में पहुँचा दिया, जहाँ हमको ठहराया गया था। विदा होते समय उसने पूछा, 'क्या आप पेरिस नहीं जाएँगे। यदि जाएँगे, तो कहाँ ठहरेंगे?'

मैंने कहा, 'किसी होटल में।'

उसने कहा, 'आप मेरे घर ठहर सकते हैं। इस समय अकेला रहता हूँ। मेरी पत्नी इंग्लिश है और वह इंग्लैंड में काम करती है।'

मैं पेरिस में उसी के घर ठहरा। उसने पूरा पेरिस घुमाया, फ्रेंच ड्रामा और फ़िल्म दिखाई।

उसने कहा, 'भारत से जो भी आता है, यहाँ का कैबरे देखने की फरमाइश करता है। आप कैबरे नहीं देखेंगे।'

मैं:- कैबरे देखने के लिए कितने भारतीय रुपए लगते हैं?'

उत्तर:- लगभग एक हज़ार।

मैं:- जब भारत में कैबरे लगभग सौ रुपए में देखा जा सकता है, तो हज़ार रुपए क्यों?'

हम लोग खूब हँसे। वे नृविज्ञानी (anthropologist) थे। मैंने पूछा, 'बिना पूर्व पहचान के आप मेरी ही मदद क्यों कर रहे हैं?'

उत्तर मिला, 'क्या आपने नोट नहीं किया कि सम्मेलन के उद्घाटन समारोह में जब मैं हिंदी में प्रश्न कर रहा था, उस समय भारतीय इंग्लिश में उत्तर दे रहे थे। केवल आप ही ने हिंदी में उत्तर दिया। इसलिए मैंने आपको पसंद किया।' मैंने कहा, 'धन्यवाद।' वास्तविकता तो यह थी कि उसके उच्चारण के कारण मुझे उसकी हिंदी समझने में परेशानी तो होती थी। एक विदेशी के मन में हिंदी के प्रति इतना सम्मान देखकर हृदय गदगद हो गया। इसके विपरीत भारत में हिंदी की अपेक्षा इंग्लिश का सम्मान देखकर दुख होता है। भारत के कार्यालयों में हिंदी की अपेक्षा इंग्लिश बोलने से काम जल्दी होता है। मानसिक गुलामी हमारे देश में अभी भी व्याप्त है। मुझे इस बात की बहुत प्रसन्नता हो रही थी कि हिंदी के कारण मुझे एक अच्छा मित्र मिल गया और मेरे हज़ारों रूपए भी बच गए। असावधानी के कारण मुझसे एक बड़ी ग़लती हो गई। हम दोनों ईफ़िल टॉवर के नीचे खड़े थे। उसने पूछा, 'आप जर्मनी होकर आ रहे हैं। यह बताइए कि दोनों देशों में कौन-सा देश आपको अच्छा लगा?'

उत्तर:- अनुशासन और साफ़-सफ़ाई में जर्मनी ज़्यादा अच्छा लगा। (इफ़िल टॉवर के नीचे सिगरेट के टुकड़े दिखाते हुए) यह देखिए।

उसने कहा, 'इंडिया के बारे में आपका क्या ख्याल है?'

मैं:- यहाँ से बहुत बुरा।

इस पर हम दोनों हँस दिए। पर्यटकों से निवेदन है कि वे जिस देश में जाएँ, वहाँ की आलोचना न करें।

मीडिया में नैतिकता

मीडिया हमारी सामाजिक, सांस्कृतिक और राजनीतिक चेतना का दर्पण है। जब कोई समाज भ्रष्टाचार को ही शिष्टाचार मानने लगता है, तो समाज के वे विभाग, जिनसे भ्रष्टाचार की तनिक भी उम्मीद नहीं की जाती (जैसे न्यायालय, पत्रकारिता, शिक्षा आदि), वे भी भ्रष्टाचार से अछूते नहीं रह पाते। यहाँ मैं कुछ ऐसे उदाहरण दे रहा हूँ, जहाँ मीडिया ने भी नैतिकता का पालन नहीं किया।

- एक पेपर में देवनागरी के विषय में कुछ भ्रामक लिखा था। मैंने संपादक को (मेरे मित्र भी हैं और मेरा कई बार सम्मान भी कर चुके हैं) पत्र लिखकर लेखक को सूचित करने के लिए कहा। लेकिन जब उनका दूसरा अंक आया तो उसमें उस लेख की तारीफ़ का पत्र छपा था। जब मैंने व्यक्तिगत रूप से फ़ोन किया, तो उनका कहना था कि हमें अपनी पत्रिका की लोकप्रियता बढ़ाना है, न कि सच्ची जानकारी देना। आजकल कोई भी आलोचना नहीं सुनना चाहता।

- 1973 की घटना है। नागपुर से प्रकाशित इंग्लिश डेली, 'नागपुर टाइम्स' में संपादकीय में लिखा था कि जौरा (जिला मुरैना , म .प्र.) में लोकनायक जयप्रकाश नारायण के नेतृत्व में डाकुओं ने आत्मसमर्पण किया था। संपादक ने तारीख ग़लत लिखी थी। उस दिन मैं जौरा में मौजूद था। मैं डायरी लिखता हूँ, मैं ने संपादक को पत्र लिखकर तारीख सुधारने का निवेदन किया। एक सप्ताह बाद मैं संपादक से इस सुधार के लिए व्यक्तिगत रूप से मिला। संपादक जी ने बड़े अनमने ढंग से कहा, " यदि आप कहते हैं, तो सुधार कर छाप देंगे। ऐसा लगा कि शायद वह भूल सुधार के लिए दिल से तैयार नहीं थे। कई सप्ताह बाद यह भूल सुधार पेपर के तीसरे पृष्ठ पर एक छोटे कालम में छाप दी, जबकि संपादकीय भूल को संपादकीय के नीचे ही छापा जाता है।

- नागपुर से प्रकाशित लोकमत समाचार में यह छपा, "श्री छंगाणी जी ने एक सभा में यह कहा कि हिंदी तो रामायण-महाभारत काल से चली आ रही है।" मैं ने संपादक जी को पत्र लिखा, "यह कथन ग़लत है। आप अपने संवाद दाता से इस बात की पुष्टि कर लीजिए। यदि वास्तव में श्री छंगाणी (नागपूर के प्रसिद्ध वैद्य) ने ऐसा कहा है, तो मैं उनसे व्यक्तिगत रूप से बात कर लूँगा। यदि संवाददाता ने ग़लती से लिख दिया है, तो उसका सुधार छाप दीजिए। महीनों बीत गए। एक कार्यक्रम में तत्कालीन संपादक श्री मिश्रजी (जो बाद में भोपाल के पत्रकारिता विश्वविद्यालय के कुलपति हो गए थे।) से मैंने इस संबंध में बात की। उनका उत्तर था, "आपका पत्र मिला तो था, मैंने संबंधित संवाददाता को उत्तर देने के लिए कहा तो था।" मैंने कहा, "कृपया उत्तर मुझे भी भिजवा दें।" वर्षों बीत गए। उत्तर न मिला। क्या पत्रकारिता से एथिक्स हटती जा रही है?

- जून 1957 में मैं ग्वालियर से आगरा जा रहा था। मुरैना स्टेशन पर एक व्यक्ति ट्रेन में चढ़ा। मेरे बगल में बैठे व्यक्ति ने उसे अपने बगल में बैठा लिया। उनकी बातों से पता चला कि मेरी बगल में जो व्यक्ति बैठा था, वह किसी स्थानीय समाचारपत्र का संपादक था। आगंतुक ने पूछा, "क्यों भाई, आपके पेपर में यह छपा था कि एक औरत के पेट से साँप का बच्चा पैदा हुआ है। इसमें सच्चाई कहाँ तक है?" संपादक ने हँसते हुए कहा, "यह तो मैं भी जानता हूँ कि यह सत्य नहीं है।" आगंतुक ने कहा, "फिर आपने यह झूठी ख़बर छापी क्यों?" "तू पूरा मूर्ख का मूर्ख ही रहा। मुझे तू बचपन से जानता है। तू तो मुझसे ज़्यादा पढ़-लिख गया है। यह बता कि क्या किसी औरत के पेट से साँप का बच्चा पैदा हो सकता है। उसने कहा, " वह तो मै भी जानता हूँ। फिर तू ने ऐसी खबर छापी क्यों?" "अरे मूर्ख, पेपर चलाने के लिए ऐसी कुछ ख़बरें छापनी पड़ती हैं।"

- 1991-92 में नागपुर में एक पुलिस अफ़सर ने सरकारी पिस्टल से एक पत्रकार की हत्या कर दी। मृतक पत्रकार था, अतः सब पेपरों में इस खबर को खूब कवरेज मिला। पुलिस कमिश्नर को सस्पेंड किया गया। कुछ पत्रकारों ने माँग की कि पत्रकार की पत्नी को सरकार की ओर से एक फ्लैट दिया जाए। मारने वाले को उम्र कैद हो गई। उस समय मैं नागपुर विद्यापीठ के पत्रिका विभाग का अध्यक्ष था। उस समय मेरी एक छात्रा लीमा बर्नाड ने इस विषय पर एक डिज़र्टेशन लिखा था। उसने बड़ी मेहनत से इस विषय पर सामाग्री इकट्ठी की थी।

शोध कर्ता के निष्कर्ष कुछ इस प्रकार थे : -

1. अलग अलग समाचार पत्रों में न्यूज़ में जो विसंगतियाँ थीं, उनका कारण यह था कि न्यूज़ जल्दी में इकट्ठी की गई थीं।

2. पुलिस कमिश्नर का सस्पेंशन ग़लत था।

3. मृतक की पत्नी को महानगरपालिका में नौकरी का दबाव था।

4. मृतक के पुत्र को मुफ़्त शिक्षा का सरकार से आश्वासन

5. मृतक की अंतिम यात्रा में मुख्या मंत्री का आगमन

6. मर्डर को कई कोणों (एंगल्स) से देखा गया - संपत्ति (मकान) स्त्री-पुरुष संबंध आदि।

7. मारने वाले की पत्नी/प्रेमिका का चरित्र हनन।

कहने का तात्पर्य यह है कि न्यूज़ कवरेज तटस्थ (न्यूट्रल) नहीं पाया गया। पत्रकारों के दबाव के कारण मुख्य मंत्री को स्वयं नागपूर आना पड़ा और मृतक की पत्नी को एक फ्लैट देने की घोषणा करनी पड़ी।

- एक पत्रकार ने एक महिला पत्रकार के घर जाकर छेड़छाड़ की। महिला पत्रकार के पति की शिकायत पर पुलिस ने छेड़ने वाले पत्रकार को रात भर थाने में बंद कर दिया। यहाँ भी अधिकतर पत्रकारों ने न्यूज़ कवरेज में तटस्थता नहीं दिखाई। मीडिया ने पत्रकार की तरफ़दारी और पीड़िता को बदनाम करने की कोशिश की।

- जब मैं जब पत्रकारिता विभाग का अध्यक्ष था, तब ऐडमीशन के लिए सबसे अधिक सिफ़ारिशें पत्रकारों की ही आती थीं। एक पत्रकार की सिफ़ारिश तो यह थी, 'अमुक छात्र का ऐडमीशन न किया जाए।'

- पत्रकारिता में एक अन्य प्रकार की अनैतिकता सामान्य है। किसी आयोजन में पत्रकार पहुँचता ही नहीं है और आयोजक लिखकर दे देते हैं, पेपर में वही छाप जाता है। एक बार मेरा एक

व्याख्यान लोहिया अध्ययन केंद्र में 25 जून 2011 को 'भारतीय भाषाओं' पर हुआ था। दूसरे दिन एक पेपर में वह छपा, जो मैंने कहा ही नहीं था।

जब कोई समाज भ्रष्ट होता है, तो समाज के किसी वर्ग से यह आशा करना कि वह ईमानदार रहे, ग़लत है।

यही हाल फ़िल्मों का है। फ़िल्मों का प्रमुख कार्य मनोरंजन करना है। इसके अतिरिक्त हर फ़िल्म कुछ संदेश भी देती हैं। यह संदेश समाज में परिवर्तन का वाहक भी हो सकता है। यह संदेश समाज में प्रचलित ग़लत मान्यताओं को पुनर्स्थापित भी करता है। अधिकतर फ़िल्में दूसरा काम करती हैं। कुछ फ़िल्में अंधविश्ववास को भी फैलाती हैं। प्रजातंत्र में ऐसी फ़िल्मों पर रोक भी नहीं लगाई जा सकती।

हमारे समाज में दूसरों के लिए त्याग करना अच्छा माना जाता हैं। इस धारणा को सही साबित करने की लिए कुछ अप्रत्याशित घटनाओं को डाला जाता हैं। एक उदाहरण से यह बात अधिक स्पष्ट हो जाएगी। यहाँ 'हम आपके कौन हैं' का उदाहरण देते हैं। इसमें हीरो जिस लड़की से प्रेम करता हैं, उसकी शादी उस के बड़े भाई के साथ हो रही हैं। भारतीय परंपरा के अनुसार हीरो यह बात किसी को नहीं बताना चाहता था। फ़िल्मकार को यह कहानी सुखांत(comedy) बनाना हैं, इसलिए वह कुत्ते का सहारा लेता हैं।

हिंदी में कई अच्छा संदेश देने वाली फ़िल्में भी बनी हैं। लेकिन ऐसी फिल्मों की कमी नहीं है, जो अंधविश्वासों को बढ़ावा देती हैं। ऐसी फ़िल्मों में स्त्री नागिन बन जाती है और नागिन स्त्री बन जाती है। 'भूतनाथ' फ़िल्म में अमिताभ बच्चन भूत बनते हैं और केवल एक बच्चे को दिखाई देते हैं। फ़िल्मों में चमत्कार भी खूब दिखाए जाते हैं। ऐसी फ़िल्में लोकप्रिय भी खूब होती हैं।

यद्यपि कई राज्यों ने अंधविश्वास और चमत्कारों के विरुद्ध क़ानून तो बना दिए हैं, लेकिन ये क़ानून ऐसी फ़िल्मों पर रोक लगाने में अक्षम हैं।

बचपन

क्या कभी आप खेल व शैतानी रहित बचपन की कल्पना कर सकते हैं? नहीं न, तो सुनिए मेरे बचपन की कहानी। अधिकतर लोग ऐसा कहते हैं कि बचपन सब से अच्छा होता है। पूरा साहित्य बचपन के गुणगान से भरा पड़ा है। मेरा जन्म एक मध्यम वर्गीय परिवार में 22 फरवरी (लिखित 30 जनवरी) को क़स्वा ककराला (ज़िला बदायूँ, उत्तर प्रदेश) में हुआ। मेरे जीवन में सबसे दर्दनाक बचपन ही रहा। इसका कारण प्यार की कमी नहीं था। अधिक लाड़ प्यार में पला, लेकिन इनके प्रभाव बहुत ही ख़राब रहे। माँ-बाप दोनों के अति प्यार के गरम शाल में हमेशा लपेटकर रखने के कारण बाहर की धूप, वर्षा, तूफ़ान व ठिठुरने वाली ठंड की पहचान मुझे न हो सकी। इसलिए काफ़ी समय तक ज़िंदगी की बहुत सी वास्तविकताओं से महरूम रह गया। माँ अशिक्षित थीं। पिताजी आर्य समाजी थे और विचारों में काफ़ी प्रगतिशील थे। वे दूसरे गाँव में हेडमास्टर थे, हफ़्ते या दो हफ़्ते में ही गाँव आ पाते थे, इसलिए पूरा प्रभाव माता जी का ही था। कच्चा घर होने के कारण साँप, काँतर

बहुत निकलते थे। काँतर तो जूते या चप्पल से मारी जा सकती थी, लेकिन साँप मारने में कुछ ही लोग माहिर थे। साँप मारना एक कला थी, जो मेरे पिता जी को आती थी। साँप का डर इतना गहरा मेरे हृदय में बैठा है कि अभी भी साँप से बहुत अधिक डर लगता है। दोपहर में, विशेषतयः गर्मी की दोपहरी में, पास-पड़ोस की अनपढ़ औरतें भूत-प्रेतों, जिन्नों व टोना-टुटकों की चर्चा करती रहती थीं। इससे मैं इतना डरा रहता था कि अकेले शौचालय भी नहीं जा सकता था। घर के बाहर भी खेलने नहीं गया, शारीरिक व्यायाम न होने के कारण हमेशा अस्वस्थ रहता था। डरपोकपने का यह हाल था कि माँ के पास ही सोता था। रात को डरावने स्वप्न आया करते थे। माँ रात के समय हनुमान चालीसा का पाठ कराती थीं और कहती थीं कि जब डर लगे तो हनुमान का नाम ले लेना। मैं स्वप्न में भी मैं ऐसा ही करता था और डर भाग जाता था। अँधेरे से बहुत डर लगता था। यहाँ यह कहना समीचीन होगा कि बड़े होने पर तर्क से भूत का डर तो समाप्त हो गया, लेकिन अंधकार का भय ज़िंदगी भर बना रहा।

जब कोई बच्चा बीमार हो जाता था, तब लोग अपने बच्चों को लेकर मस्जिद के बाहर खड़े रहते थे, जो लोग नमाज़ पढ़कर मस्जिद से बाहर आते थे, वे उन बच्चों को एक फूँक मारते थे। मेरी बड़ी बहन मुझे गोद में लेकर खड़ी रहती थी और मुल्ला लोग फूँक मारकर चले जाते थे। इसका प्रमुख कारण अशिक्षा और गरीबी था। उस समय डॉक्टर थे भी नहीं। गरीब आदमी क्या करे, सोचता था शायद इसी से ठीक हो जाए।

हमारे चबूतरे पर अक्सर मुशायरे होते थे। एक शायर की दो पंक्तियाँ अभी तक याद हैं:-

'चारों जोकर हम पर आ गए, जल्दी से करवा दी शो।

बाद में हमको ख्याल हुआ कि रमी लगना भूल गए।'

शायरी का स्तर कुछ इसी प्रकार का था।

मेरी पूरी पढ़ाई घर पर ही हुई, पहले उर्दू और बाद में हिंदी में।

हमारा कसवा मुस्लिम बहुल था और अभी भी है। हमारे कसवे में आज़ादी से पहले मुस्लिम लीग का बोलबाला था। मुस्लिम मित्रों के साथ मैं (उस समय मैं 5-6 साल का था।) भी 'मुस्लिम लीग ज़िंदाबाद' और 'जिन्ना ज़िन्दाबाद' के नारे लगाता था। आज़ादी के बाद कुछ लोग ही पाकिस्तान गए। बाक़ी लोग रातों-रात कांग्रेसी बन गए।

हमारे खानदान में बच्चों को चिढ़ाने की एक बहुत बुरी परंपरा थी। मैं भी उसका शिकार हुआ। काला होने के कारण मुझसे 'कल्लू' कहा जाता था। मेरे अचेतन मन में न चाहते हुए भी काले की अपेक्षा गोरेपन को वरीयता जीवन भर ऐसी छाई रही कि मैं उसे अपनी तार्किक सोच से ठीक नहीं कर पाया। मेरे व्यक्तित्व पर इसका बुरा प्रभाव पड़ा। मुझ में हीन भावना पैदा हो गई थी। बहुत समय बाद अपने ही प्रयत्नों से मैं इस भावना से छुटकारा पा सका।

सन 1948 में मैंने प्रायवेट छात्र के रूप में अलापुर में पाँचवीं की बोर्ड परीक्षा पास की। उसके बाद ककराला में जूनियर स्कूल में कक्षा छह में दाखिला लिया, वहाँ आठवें तक पढ़ा। पढ़ने में बहुत अच्छा था। गणित में 100 में 100 नंबर आया करते थे। पता नहीं कैसे आठवीं बोर्ड के रिज़ल्ट में मुझे तृतीय श्रेणी मिली। उसके बाद मेरे बड़े भाई ने मनोहर भूषण इंटर कॉलेज बरेली में मेरा दाखिला कक्षा 9 में करा दिया। मैं साइंस लेना चाहता था, लेकिन मेरे भाई ने मेरा दाखिला आर्ट्स में कराया। मैं कई दिनों तक रोता रहा। हाई स्कूल में मैं अपने स्कूल में फ़र्स्ट क्लास फ़र्स्ट आया। साइंस के छात्रों से भी अधिक नंबर पाए। इससे पूरा स्कूल चकित था। अभी तक सब मुझे बुद्धू समझते थे, लेकिन रिज़ल्ट ने वातावरण बदल दिया। स्कूल के प्रिंसिपल माथुर साहब ने प्रार्थना के समय पूरे स्कूल के सामने मुझे बुलाकर सम्मानित किया

और 16 रुपए महीने के स्कालरशिप की घोषणा की। उस समय यह राशि बहुत अधिक थी। फिर भाई ने समझाया कि अब तुम्हें स्कालरशिप मिल रहा है, तो आर्ट्स में ही रहो। अब तक मैं यथास्थिति समझ गया था कि भाई ने मेरा दाखिला आर्ट्स में क्यों कराया। इसके दो कारण हो सकते हैं: पहला आठवी में तृतीय श्रेणी पाना और दूसरे धन की कमी के कारण। वे अर्थाभाव के कारण मुझे इंजीनियरिंग नहीं पढ़ा सकते थे।

एक घटना और घटी, जब मैंने नौवीं कक्षा में दाखिला लिया, तब मुझसे पूछा गया कि आपकी एलीमेंट्री हिंदी है या ऐडवांस। मैं इन दो शब्दों के अर्थ नहीं समझता था। मैंने अध्यापक से पूछा कि इनका अर्थ क्या होता है। उन्होंने कहा कि आपने पहले उर्दू पढ़ी थी।' मैंने कहा, 'हाँ'। मेरी अज्ञानता के कारण यह निर्णय ग़लत था। यद्यपि प्रारंभ में मैंने उर्दू पढ़ी थी, लेकिन बाद में मेरी ऐडवांस हिंदी ही थी। इस ग़लती का मुझे जीवन भर अफ़सोस रहा।

बचपन में मेरे पिता मुझे प्लेटो (अफ़लातून), अरस्तू आदि के किस्से सुनाया करते थे। उनसे मैं बहुत प्रभावित था। मैं अपने पिता से कहा करता था कि मैं वैज्ञानिक बनूँगा। मैं अपने पिता से पूछता था कि क्या एक की आँखें दूसरे की आँखों में नहीं लगाई जा सकतीं। पिता जी कहते थे कि बड़े होकर यह काम तुम करना। उस समय ऐसा सोचना ही एक स्वप्न था, वर्षों बाद वैज्ञानिकों ने यह सही साबित कर दिया।

मैं यह बात अपने पाठकों को बताना चाहता हूँ कि परिस्थितियाँ प्रतिकूल भी हों, तो भी उनको अपनी मेहनत और लगन के कारण एक नया मोड़ तो दिया जा सकता है। यह मैंने अपने जीवन में करके दिखाया। हमारे बड़े भाई मेरी फीस तो दे दिया करते थे, लेकिन किताबें नहीं खरीदते थे। जब उन्होंने बी.ए किया, तब मैंने बी.ए में ऐडमिशन लिया था। वे किताबें तो इंग्लिश में पढ़ते थे और लिखते उर्दू में थे। मेरा माध्यम तो हिंदी था लेकिन उनकी किताबें मुझे इंग्लिश मध्यम में

पढ़ना पड़ती थीं। कठिनाई तो बहुत होती थी, लेकिन क्या करता। यही बहुत था कि वह मुझे अपने घर में रखकर पढ़ा रहे हैं।

ककराला में पढ़ने लिखने की (मेरे समय में) कोई संस्कृति नहीं थी। कई व्यसन भी प्रचलित थे। मेरे कसबे में कई ऐसे शौक थे, जो काफ़ी बुरे माने जाते थे। लेकिन गाँव में शिक्षा की कमी के कारण यह खेल बहुत प्रचलित थे, जैसे कबूतरबाजी, मुर्गा लड़ाना, आदि। मुर्गे को लड़ने के लिए तैयार किया जाता था और उनके पंजों में ब्लेड बाँध दिए जाते थे, जिससे दूसरा मुर्गा लहूलुहान हो जाता था। मेरे कसवे में कई लोग ज़िंदगी भर बिना काम किए ज़िंदगी काट देते थे। खानदान में कई लोग मिडिल पास करके टीचर बन गए। लेकिन कुछ दिनों के बाद घर बैठ गए। जब भूखों मरने लगे, तब सल्फर प्लांट और गुड़ प्लांट (बेल) में काम करने के लिए दक्षिण भारत जाने लगे। हमारे बचपन में गाँव की मुख्य अर्थव्यवस्था मूज के भरोसे चलती थी। मूज का पौधा नदी के किनारे अपने आप उग जाता था। मूज को कूटकर रस्सी आदि बनाई जाती थी। उसके बाद सल्फर, गुड़, चीनी आदि बनाने के लिए दक्षिण भारत जाने लगे हैं। इस काम में ककराला के लोग विशेषज्ञ माने जाते थे। करीब करीब हिंदुस्तान के हर कोने में फैले थे। मेरे ककराला छोड़ने के वर्षों बाद वहाँ की अर्थव्यवस्था अमरुद उगाने से बढ़ी।

उस समय शादियों में तवायफों का नाच ज़रूरी समझा जाता था। एक बार एक तयेरे भाई अपने लड़के की शादी में तवायफ को ले जाना नहीं चाहते थे। उसकी आर्थिक दशा अच्छी नहीं थी। तवायफें खानदानी थीं। मेरे भाई ने यह कहा कि मेरे चाचा (मेरे पिता) आर्यसमाजी हैं उन्हें पसंद नहीं है। तवायफें मेरे पिताजी से मिलने आईं और रोते-रोते कहा, 'चाचा, आपके खानदान में बरसों से हम लोग हर शादी में नाचने-गाने के लिए जाते हैं। हम लोग शरीर का धंधा नहीं करते, यह हम लोगों का खानदानी धंधा है। अगर आप लोग हमें काम नहीं देंगे, तो हम लोग

भूखे मर जाएँगे। पिता जी ने कहा, 'उनकी आर्थिक दशा अच्छी नहीं है, मेरा तो सिर्फ़ बहाना कर दिया।' तवायफों ने कहा, 'हम कुछ भी पैसा नहीं लेंगे, वहाँ जो भी मिलेगा, वही हमें स्वीकार है।' इस बात पर मेरे भाई तैयार हो गए। तवायफों को पता था कि शादी में जो भी जाते थे, कम से कम एक रुपया तो हर आदमी देता था। मैं उस समय करीब छह-सात साल का था। मैं भी पिताजी के साथ साथ शादी में गया था। वहाँ पर जब नाच गाना चलता था, तब प्रायः बच्चे और बूढ़े नहीं जाया करते थे। शराब चलती रहती थी। मेरे पिताजी मुझे लेकर नाच गाने के बीच में लेकर आए और एक रुपया मेरे हाथ से नर्तकी को दिलाया और वहाँ से चले आए। वेश्या ने मेरा चुंबन किया। मुझे अभी तक याद है। जब नर्तकी को रुपया दिया जाता था, तब लोग अपनी हथेली पर रुपया रख लेते थे। उसका भी विशेष तरीका था। हथेली से हथेली मिलाकर पैसा दिया जाता था, जिसमें पुरुष को स्त्री का हाथ छूने में संतुष्टि मिल जाती थी।

मेरा जन्मस्थान एक क़स्वा था, जहाँ न गाँव की प्रकृति का आनंद था और न शहर की सुविधाएँ।

आत्मचिंतन

सफल जीवन फ़ार्मूलों से नहीं जिया जा सकता। दिल और दिमाग का द्वंद्व तो जीवन भर चलता रहता है। कब और किसकी सुनना है, यह परिस्थिति पर निर्भर है। मुझे यह समझ शुरू से रही कि खुशहाल जीवन के लिए लाइफ़ पार्टनर (पत्नी) और प्रोफ़ेशन (पेशा) च्वाइस (अपनी पसंद) का होना चाहिए। भारत में अधिकतर लोगों को दोनों ही चीज़ें अपनी पसंद की नहीं मिल पातीं, क्योंकि अधिकतर शादियाँ माता-पिता या परिवार के अन्य लोगों की राय से की जाती हैं। दूसरे, नौकरियाँ या तो हैं ही नहीं या इतनी कम कि नौकरी चुनने में व्यक्ति की पसंद नगण्य हो जाती है। अब व्यक्ति के पास दो ही विकल्प रह जाते हैं। या तो वह रो-रो कर ज़िंदगी गुज़ार दे या निभाने की कला सीख ले। मैं दूसरे विकल्प की सलाह दूँगा। फिर भी मैं ऐसे दो लोगों को जानता हूँ, जो तलाक़ दे देते, तो कुछ बड़े काम कर सकते थे।

मैं नौकरी और पत्नी के बारे में सौभाग्याकांशी था और दोनों में सौभाग्यशाली बन गया। यूनिवर्सिटी में अध्यापकी, भाषाविज्ञान विषय

पसंद का, बॉस भी मददगार। अधिकतर पत्नियाँ अपने पतियों से दो बातों पर झगड़ा या नोंक-झोंक करती हैं –पैसा और समय। 'इतने समय तक कहाँ थे?' 'इतने पैसे कहाँ खर्च किए?' मेरी पत्नी ने ये दोनों ही सवाल कभी नहीं पूछे। हुआ नहीं मैं सौभाग्यशाली! दो जगह तो हद हो गई इन दो घटनाओं से।

12 मार्च 1972 को मैं अपनी बड़ी साली को दिल्ली से सबलगढ़ ला रहा था। रास्ते में आगरा में रुकना पड़ा। पत्नी ने बताया कि दीदी बता रही थीं कि मैंने आगरा में शराब पी थी। मैंने मना किया। इस बात पर मेरी पत्नी ने अन्य पत्नियों की तरह कोई हंगामा खड़ा नहीं किया। लेकिन यह बात मुझे खटकती रही, क्योंकि मैंने शराब नहीं पी थी। दूसरे, यह भी सही था कि मेरी साली झूठ नहीं बोलती थीं। वर्षों बाद एक दिन मेरी पत्नी ने कहा, 'तुम्हारे मुँह से शराब की बदबू आ रही है।' थोड़ी देर पहले पहले मैंने होम्योपैथी की मदर टिंक्चर ली थी। उसी समय मुझे ध्यान आया कि आगरा में भी मैं ने एक दवा की मदर टिंक्चर ही ली थी। इस घटना पर पत्नी ने पूर्व की तरह कोई प्रतिक्रिया नहीं दी, लेकिन मैं अपनी नज़रों में अपराध मुक्त हो गया।

दूसरी घटना 20 फरवरी 1982 की है। मैं मोर भवन नागपूर में बैठा था। वहाँ मित्र प्रकाश दुबे मिल गए। उन्होंने कहा, 'धनवटे रंग मंदिर (नागपुर) में कवि सम्मेलन है। आप भी चलिए।' उनके कहने पर मैं सम्मेलन में बैठ गया। सोचा कि मध्यांतर के बाद घर चला जाऊँगा। लेकिन मध्यांतर ही 2 बजे समाप्त हुआ। तब मैंने सोचा कि अब तो पत्नी सो गई होंगी। अब तो कवि सम्मेलन समाप्त होने पर ही घर जाएँगे। उस समय मोबाइल होते नहीं थे और मेरे घर पर फ़ोन था नहीं। उधर घर पर पत्नी घबराईं और उन्होंने पड़ोसियों से मदद माँगी। अब प्रश्न यह उठा कि इस समय मैं कहाँ जा सकता हूँ। पड़ोसी प्रोफ़ेसर वैद्य ने उस दिन का न्यूज़पेपर देखा। उसमें कवि सम्मेलन का

विज्ञापन छपा था। वे तत्काल एक और प्रोफ़ेसर को साथ लेकर धनवटे रंग मंदिर पहुँच गए। उस समय हम लोग मध्यांतर में चाय पी रहे थे। उनको देखकर मैंने उनसे कहा, 'अरे, क्या आप भी कवि सम्मेलन में आए हैं?' उनका उत्तर था, 'हम आपको ढूंढने आए हैं। घर में आपकी पत्नी आपके इतनी रात देर तक न आने से परेशान हैं और आप यहाँ तफ़रीह कर रहे हैं। 'मैं अपनी ग़लती समझ गया और उनके साथ घर आ गया। घर पर पत्नी ने डाँटा नहीं। आश्चर्य हुआ। शायद इसलिए कि हम दोनों ही साहित्य प्रेमी हैं।

एक सहकर्मी के बार-बार आग्रह करने पर मैं साधना (वर्तमान पत्नी) से 22 अक्तूबर 1966 को अकेले में मिलने बरेली (भोपाल के पास वाला) गया था। वहाँ मैंने उनसे कहा, 'लड़कियाँ तो अपने बारे में कुछ बताती नहीं हैं। यदि आप न बताना चाहें, तो मत बताइए, लेकिन मैं अपनी कमियों के बारे में बता देता हूँ। मैं बहुत महत्वाकांक्षी हूँ। मुझे यूनिवर्सिटी में जाना है। मैं इस समय शासकीय उच्चतर विद्यालय में इंग्लिश का लेक्चरर हूँ। मैं कभी-कभी शराब भी पी लेता हूँ और सिगरेट भी। मेरा एक असफल (लड़की की तरफ़ से) प्रेम प्रसंग भी रह चुका है। यदि आप ऐसे आदमी के साथ सुखी जीवन गुज़ार सकें, तो कुछ समय बाद काफ़ी सोच-विचार कर (क्योंकि यह जीवन भर का सवाल है) अपने हाथ से एक पत्र में स्वीकृति लिख दीजिए। कुछ समय बाद साधना की स्वीकृति आ गई। उसके बाद 6 महीने तक हम दोनों ने प्रेम किया। पिता की मृत्यु हो चुकी थी, इसलिए मेरे भाई अभिभावक थे। उनकी स्वीकृति में देरी लगी, क्योंकि इस शादी से संभावित दहेज मिलने की कोई आशा नहीं थी। मैं कोर्ट मैरिज के पक्ष में था और अभी भी हूँ, क्योंकि ऐसी शादियों में दहेज की कोई गुंजाइश नहीं होती है। साधना कोर्ट मैरिज के पक्ष में नहीं थीं। इसलिए इंतज़ार करना पड़ा। बाद में मैंने 50 लड़कियों का इस संबंध में साक्षात्कार लिया। बहुमत माँ-बाप

की मर्ज़ी से ही पारंपरिक शादी पसंद करती हैं। कुछ लड़कियाँ दहेज के पक्ष में भी पाई गईं। इसके अन्य कई कारण हैं। मैं अपनी पत्नी की इच्छा का दमन नहीं करना चाहता था। उनका कहना था कि शादी जीवन में एक बार ही होती है। मेरी भी कुछ शर्तें थीं, जैसे- मैं मोर (एक प्रकार का 'हेडगियर', जो उस समय दूल्हा पहनता था। आजकल उसका स्थान पगड़ी ने ले लिया है), नहीं पहनूँगा, हाथ में कंगन के नाम पर कोई धागा नहीं पहनूँगा, कोई कटार आदि हथियार अपने साथ नहीं रखूँगा, आदि-आदि। मेरी सभी शर्तें साधना के घर वालों ने सहर्ष मान लीं। शादी के बाद ससुराल में मेरी पत्नी अपने व्यवहार से मुझसे अधिक लोकप्रिय हो गईं।

मैं अकेला 7 अक्तूबर 1961 को अपने घर बरेली से एक छोटा बॉक्स और एक होल्डाल लेकर निकला था। साथ में मित्र से 100 रुपए उधार लिए थे। बहुत बाद में बिरासत में लगभग तीन हज़ार रूपए मिले थे। आगे बढ़ने के लिए मेहनत, स्वयं प्रेरणा (self motivation) और काम करने का जुनून काम आए और बाद में एक अच्छी पत्नी की सहायता से एक अच्छी-ख़ासी गृहस्थी जमा ली। पत्नी ने अपनी मेहनत से (और मेरी नाममात्र सहायता से) चार बच्चों को न केवल पाला, वरन अच्छी शिक्षा और संस्कार दिए। परिणामस्वरूप सभी बच्चे (और उनके जीवन साथी) हम दोनों का भरपूर ध्यान रखते हैं।

सफलता के लिए अच्छे साधनसंपन्न और उपायकुशल मित्रों की भी आवश्यकता होती है। इसके लिए मुझे शराब का सहारा लेना पड़ा। फिर भी मैं शराबी नहीं बन पाया, क्योंकि शराब मेरे लिए साधन मात्र थी। मैंने केवल अपने लिए शराब और सिगरेट का प्रयोग न कभी घर पर किया और न कार्य स्थल पर। मेरा यह नियम रहा - शराब और सिगरेट हैं, तो आनंद लिया और अगर नहीं हैं, तो इनकी अनुपस्थिति से कोई कमी महसूस नहीं की। है। दोस्ती में ताश भी खेले, पर जुआरी नहीं

बना। ये काम हैं तो बहुत मुश्किल। कहा तो यह जाता कि काजल की कोठरी कितनों ही सयानो जाय, एक लीक काजल की लग ही जाती है। पर मैं बचा रहा, क्योंकि दिल पर दिमाग़ को वरीयता दी।

कई अनछुए पहलुओं को उजागर करने का जोखिम भी उठाया है। कोतमा (म. प्र.) में एक चपरासी गांझा पी रहा था। मैंने इच्छा ज़ाहिर की। उसने कहा, आपके लिए यह बहुत कष्टदायिक होगा। 'मैं अपनी उत्सुकता शांत करना चाहता था। एक-एक बार बीड़ी, सिगार, भांग व विभिन्न प्रकार की शराबों का सेवन किया। पर किसी की आदत नहीं डाली। चाय भी मैंने वर्षों नहीं पी। खाने योग्य भारत में प्रचलित लगभग सभी प्राणियों का मांस खाया। मूलतः मैं च्वाइस से शाकाहारी रहा। प्रयोग के लिए जो भी काम किया, उस में लीन हो गया। प्राकृतिक चिकित्सा के लिए तीन महीने नमक नहीं खाया। एक महीने स्वमूत्र चिकित्सा पर प्रयोग किया। इसमें मैं सफल नहीं रहा। प्रयोग से यह भी सिद्ध हुआ कि चोट लगने पर यदि घाव पर तत्काल अपनी पेशाब कर ली जाए, तो घाव पकता नहीं है। किसी चीज़ को समझने के लिए जो-जो ज़रूरी था, वह सब किया। 'द आर्ट ऑफ लिविंग, ओशो, ब्रह्म कुमारी आदि के कोर्स किए। दूसरे धर्मों और समाजों को समझने की कोशिश की। जहाँ जो अच्छा और तर्कसंगत लगा, उसे निःसंकोच ग्रहण भी किया। असफलता और नैराश्य में भी कभी-कभी हमारा भाग्य छुपा रहता है।

प्रश्न पूछना:- ज्ञान के लिए प्रश्न पूछना, तर्क करना अच्छी बातें हैं। कहा भी गया है - 'वादे वादे सत्य जयता'। लेकिन हमारे समाज में गुरु व अपने बड़ों से विशेषतया धर्म के बारे में प्रश्न पूछना वर्जित है। जब मैं कोई क्लास लेता था, तो सबसे पहले छात्रों से यह कहता था, 'तुम मुझसे कभी भी कोई भी प्रश्न पूछ सकते हो।' एक दिन एक छात्रा ने मुझसे पूछा, 'क्या आप सब प्रश्नों के उत्तर जानते हैं?' मैंने कहा,

'नहीं।' उस लड़की ने फिर पूछा, 'फिर आप ऐसा क्यों कह रहे हैं।' मैंने कहा, 'मेरा उद्देश्य प्रश्न पूछ कर आप की जिज्ञासा को जगाए रखना है। यदि आपके प्रश्न का उत्तर नहीं मालूम होगा, तो मैं ढूंढ कर बाद में बता दूँगा।' फिर मैं अपने छात्रों को एक चुटकला (joke) सुनाता था:- एक पिता ने अपने बच्चे से कहा, 'तुम बहुत प्रश्न पूछते हो। जब मैं तुम्हारी उम्र का था, तब अपने पिता से इतने प्रश्न नहीं पूछता था।' बच्चे का उत्तर था, 'अगर आप अपने पिता से प्रश्न पूछते, तो आज आप मेरे प्रश्नों के उत्तर दे पाते।'

इस अध्याय में हम ऐसे कुछ प्रश्नों और उनके उत्तर देने का प्रयत्न करेंगे, जिनपर कई कारणों से खुलकर चर्चा नहीं हो पाती।

इनमें एक है पंथ निरपेक्षता (Secularism)। चुनाव में वोट की राजनीति के कारण भारत सच्चे अर्थों में पंथ निरपेक्ष नहीं हो पाया, यद्यपि हमने अपने संविधान में लिख तो दिया है। Secularism के लिए हिंदी में बहुप्रचलित शब्द 'धर्मनिरपेक्षता' भी है। लेकिन यह ठीक नहीं है, क्योंकि वास्तविक धर्म तो सत्य और करुणा है और कोई व्यक्ति या राज्य इनसे निरपेक्ष कैसे रह सकता है। आदर्श स्थिति तो तब ही हो सकती है जब किसी की आलोचना से आपकी भावनाओं को ठेस नहीं लगनी चाहिए। इस प्रकार की ट्रेनिंग बच्चों को घरों और स्कूलों से मिलनी चाहिए। घर में ही उर्दू की पहली कक्षा की पहली पुस्तक के पहले पाठ में निम्नांकित पंक्तियाँ थीं:--

ख़ुदा एक है। वही राम है। उसी ने सब को पैदा किया। सूरज बनाया, चाँद बनाया। दुनिया की हर चीज़ बनाई। वही सब का मालिक है।

बड़ा होकर समझ में आया कि यह पाठ पंथ निरपेक्ष है। 'राम' शब्द का प्रयोग निराकार भगवान के लिए है, न कि साकार सीता राम के लिए। कबीर ने भी राम का प्रयोग निराकार ईश्वर के लिए किया है। पुस्तक में सांप्रदायिक सद्भाव बनाए रखने की कोशिश की गई है।

हर व्यक्ति को वयस्क होने पर ही अपना पंथ (religion) चुनने का अधिकार होना चाहिए। जन्म के आधार पर पंथ बताना ठीक नहीं है। लेकिन यह आदर्श स्थिति कभी संभव नहीं है। कहा तो यह जाता है कि मनुष्य एक तार्किक (rational) प्राणी है। पर वास्तविकता यह है कि मनुष्य ही अतार्किक प्राणी हैं और उसकी भावनाओं को बड़ी जल्दी ठेस लग जाती है। यह मनोवैज्ञानिक सत्य है कि दिमाग दिल का गुलाम होता है और तर्क व्यक्ति की इच्छाओं और आकांक्षाओं के अनुरूप तोड़े-मरोड़े जा सकते हैं। संप्रति संसार में शांति बनाए रखने का एक ही तरीक़ा बचा है – आप हमारे पंथ की आलोचना न करें और हम आपके पंथ की आलोचना न करें। काश हमारी शिक्षा प्रणाली ऐसी बन पाती कि हमें आलोचना सहना और आलोचना करने की आदत पड़ जाती। राजनीतिक व संवैधानिक तौर पर हम पंथनिरपेक्ष रहें, अर्थात कानूनी व सार्वजनिक जीवन में सरकार धर्म, मत, पूजा-पाठ व चमत्कारिक शक्तियों के हस्तक्षेप को स्वीकार नहीं करेगी और न ही लोगों के निजी जीवन के विश्वासों में दखल देगी, बशर्ते वे अवैज्ञानिक व अंधविश्वासी न हों।

वास्तविकता तो यह है - हम शुरू से जिस चीज़ को देखते रहते हैं, उसी को नॉर्म और सत्य मान लेते हैं। उससे उलट आश्चर्य, विरोध, मज़ाक़, झगड़ा और हिंसा को जन्म देता है। यदि बचपन से घरों और स्कूलों में इन वास्तविकताओं को आत्मसात करा दिया जाए, तो सहनशीलता बढ़ सकती है। जब हमें दूसरे समाजों (या पंथों) के रीति-रिवाजों या विश्वास-अंधविश्वासों को देखने और समझने का अवसर मिलता है, तब हमारा दृष्टिकोण बहुत उदार हो जाता है। मुझे स्वयं महाराष्ट्र (कर्म भूमि) के कई रीति-रिवाज उत्तर प्रदेश (जन्म भूमि) के रीति-रिवाजों से अच्छे लगे और मैंने उन्हें अपनाया भी।

भारत में पंथ निरपेक्षता के नाम पर कई घटनाओं का राजनीतिकरण वोट बैंक के उद्देश्य से किया जाता है। फरवरी 2022 के चुनाव के

समय हिजाब के मुद्दे को ज़ोर-शोर से उठाया गया। इससे पूर्व 1993 में कलकत्ता के एक प्रसिद्ध आशुतोष कॉलेज में एक दिन समाजशास्त्र द्वितीय की छात्रा सलवार-कमीज़ पहनकर कॉलेज आई। कॉलेज के प्रिंसिपल ने इस ड्रेस के लिए लड़की को बहुत डाँटा। उस समय प्रिंसिपल मार्क्सवादी नियंत्रित यूनियन के अध्यक्ष थे। इसलिए उस समय यह मुद्दा कांग्रेस और मार्क्सवाद के बीच वोट बैंक का मामला बन गया था। यह दुर्भाग्यपूर्ण है कि प्रजातंत्र में वोट की खातिर इस तरह के मुद्दे उठते रहते हैं। हमारे देश के बुद्धिजीवियों की खामोशी या उनका एक वर्ग विशेष के तुष्टीकरण की नीति ऐसे मुद्दों को और हवा देने का काम करती रहती है।

दूसरा प्रश्न है जातिगत आरक्षण की खुलकर चर्चा करना। वोट की राजनीति के कारण यह नहीं हो पा रहा है, जबकि इसके दुष्परिणाम, जैसे प्रतिभा पलायन आदि सब को दिखाई दे रहे हैं। इस संबंध में हमें किसी चमत्कार की आशा करनी चाहिए।

सलाह देना

इंग्लिश की यह कहावत **'Advice is the worst vice.'** भारत में इतनी लोकप्रिय है कि आज के माँ-बाप अपने बच्चों को सलाह देने से कतराने लगे हैं। सलाह का यह भी अर्थ होता है कि अपने अनुभवों का लाभ दूसरों को दे रहे हैं। बचपन में दी जाने वाली सलाहें आदत बन जाती हैं और उसका लाभ ज़िंदगी भर उस व्यक्ति को मिलता है। अपने जीवन से कुछ उदाहरण:- पानी बैठकर पीना, सुबह उठकर शौचालय जाना, फिर दाँत साफ़ करना, खाते समय न बोलना, यात्रा में पानी साथ में रखना, बड़ों का सम्मान करना – पैर छूना या नमस्कार करना, आदि-आदि।

निंदक और चापलूस

प्रसिद्ध है कि निंदक नियरे राखिए। अब यह चमचा नियरे राखिए में तब्दील हो गया है। निंदक आलोचना करता है। वह आपको अवसर देता है कि आप अपने को सुधार लें। उसके वचन कठोर हो सकते हैं। इसके विपरीत चापलूस अच्छे और मधुर वचन बोलता है। संस्कृत में कहा गया है -अति विनम्रता चौरस्य लक्षणम्। चापलूस आप की ग़लतियों को भी महिमामंडित करता है। इस कारण आप अपनी ग़लतियों को दोहराते जाते हैं। इस कारण आप उन्नति की जगह अवनति की ओर अनायास चले जाते हैं। इंग्लिश में कहा भी गया है - Flattery is the food of fools. मेरी सलाह है कि यदि आप बड़े पद पर हैं, तो आप अपनी कुर्सी के पीछे इस उद्धरण की एक तख्ती टाँग लें।

ग़लती स्वीकारना और सुधारना

ग़लती स्वीकारने और उसको सुधारने में कम समय लगता है बामुक़ाबले ग़लती छुपाने और उसको सही साबित करने में।

भारत की राज भाषा

संविधान के अनुसार संघ की राजभाषा हिंदी है। इंग्लिश भी तब तक चलती रहेगी, जब तक सभी राज्य हिंदी के पक्ष में आम सहमति न बना लें। आज की स्थिति में यह असंभव लगता है। कई राज्यों में हिंदी विरोध वोट की राजनीति से जुड़ा है। प्रजातंत्र में वोट की राजनीति के महत्व को नकारा नहीं जा सकता। दक्षिण भारत में सरकारी काम वहाँ की राजभाषा और इंग्लिश में चलता है। हम भारतवासी उत्सव प्रेमी हैं, इसलिए 14 सितंबर को हिंदी दिवस और 10 जनवरी को अंतरराष्ट्रीय हिंदी दिवस धूम-धाम से मना लेते हैं।

भारत में विद्वता का निकष

पढ़े-लिखे लोग ऊँचे-ऊँचे पदों पर बैठकर नकली बुद्धिमत्ता का ढोल पीटते हैं। यह बात हमें क्यों समझ में नहीं आती कि हर पढ़ा-लिखा व्यक्ति बुद्धिमान और गुणी नहीं होता। हमने तो ज़्यादातर सामान्य शिक्षा पाए लोगों को अच्छे-अच्छे पढ़े-लिखों के कान कतरते देखा है। पढ़ाई-लिखाई और पद तो आजकल ऐसे आभूषण बन गए हैं, जो ऊपरी सौंदर्य तो बढ़ा देते हैं, लेकिन वे कागज़ के फूल की तरह हैं, जो दमकते तो बहुत हैं, पर न उनमें जान है और न खुशबू। मेरा अवलोकन है कि विश्वविद्यालयों में कई प्रोफ़ेसरों की तुलना में कई असिस्टेंट/ असोशिएट प्रोफ़ेसर अधिक विद्वान और कर्मठ होते हैं, पर चलती प्रोफ़ेसरों की है। इस कारण से प्रतिभा पलायन भी हो रहा है।

महापुरुषों का मूल्यांकन

राम और कृष्ण–ये दोनों ही भारत में आदरणीय हैं। हमारे देश के अधिकतर लोग इन को भगवान विष्णु का अवतार मानते हैं। जो लोग (जैसे आर्य समाजी) अवतारवाद में विश्वास नहीं करते, वे भी मर्यादा पुरुषोत्तम राम और योगीराज कृष्ण कहते हैं। राम का प्रामाणिक वर्णन तो बाल्मीकि रामायण को ही माना जाता है। बाद के कवियों ने राम के बारे में अपने हिसाब से कुछ जोड़ा या घटाया है। पौराणिक व ऐतिहासिक नायकों का मूल्यांकन उनके समय के मूल्यों के आधार पर ही होना चाहिए। राम पर बहुत-कुछ लिखा गया हैं। सीता का निष्कासन राम की कर्तव्यनिष्ठा थी या यश लिप्सा। इस संबंध में एक विद्वान के विचार विचारणीय हैं:- जो राम उस अहिल्या के, जिसके साथ निश्चित रूप से बलात्कार हुआ, पुनः सामाजिक प्रतिष्ठा प्रदान करते हैं; सुग्रीव की पत्नी को पुनः रानी पद पर प्रतिष्ठित करते हैं, वे मात्र धोबी के

कहने पर पत्नी का परित्याग कर देंगे। जो राम शबरी के झूठे बेर खाते हैं, 14 वर्ष तक वन में पिछड़ी जातियों के साथ और तपस्वियों व सन्यासियों के साथ जीवन यापन करते हैं, वे केवल ब्राह्मण हत्या के दोष से मुक्त होने के लिए शंबूक वध करेंगे। जो राम बाली और रावण का जीता हुआ राज्य छोड़ देते हैं, वे साम्राज्य के विस्तार के लिए अश्वमेध यज्ञ करेंगे।

मेरा अपना विचार है कि भारत कृष्ण को अपना मॉडल मानता तो हम लोग कभी गुलाम नहीं होते। मैं जीवन में उनको अपना मॉडल मानता हूँ। कृष्ण बहुत बड़े विचारक, राजनीतिज्ञ, रणनीतिज्ञ और व्यवहारवादी (प्रैग्मेटिक) थे। कृष्ण राधा के प्रेम, गोपियों के साथ उनकी रासलीला से पूरा साहित्य भरा पड़ा है। ऐसे कवियों ने अपनी व्यक्तिगत वासना को संतुष्ट करने के लिए ऐसी कहानियाँ गढ़ी होंगी। ऐसा साहित्य कृष्ण जैसे प्रतापी व्यक्ति का चरित्र हनन ही करता है। कृष्ण की सबसे बड़ी सीख यह है कि दुष्ट को दुष्टता से ही मारा जा सकता है, दुष्ट के साथ ईमानदारी दिखाना मूर्खता है। शिवाजी महाराज ने इस सीख को आत्मसात किया। नतीजा सभी जानते हैं।

सच और झूठ

ऐसा माना जाता हैं कि सत्य की जीत होती हैं। मेरा अनुभव हैं कि यह कथन ठीक नहीं हैं। यदि ऐसा होता, तो हमारे देश पर सैकड़ों सालों तक मुसलमान और अंग्रेज़ राज नहीं कर पाते। वास्तविकता यह हैं कि जीत शक्ति और युक्ति की होती हैं। कुछ समय के बाद शासक गफलत में आ जाता हैं और शासित अपने को अधिक बलवान बना लेता हैं। इसलिए शासित की जीत हो जाती है। लेकिन उस समय तक शासित को बहुत नुकसान उठाना पड़ता है।

पढ़ाया तो यह जाता हैं कि हमेशा सच बोलो। लेकिन सब से बड़ा झूठ यही है। झूठ भी कितना अजीब है–खुद बोलो, तो अच्छा लगे और अगर दूसरा बोले, तो गुस्सा आए। जब हम अपने दोस्तों और रिश्तेदारों को अपने किसी ज़रूरी काम के कारण समय नहीं दे पाते हैं, तब हमें झूठ का सहारा लेना पड़ता है। झूठ तब बुरा है, जब उससे किसी का नुकसान हो। कहावत है कि प्रेम और युद्ध में सब जायज़ है। इसीलिए लोग प्रेम और युद्ध में झूठ बोलते हैं। लोग अपनी सुरक्षा और इज़्ज़त बचाने के लिए भी झूठ बोलते हैं। ऐसा कहा जाता हैं कि बच्चे झूठ नहीं बोलते हैं, जबकि बच्चे भी झूठ बोलते हैं। यहाँ मैं एक सजीव उदाहरण देता हूँ। मेरे पौत्र से कोई चीज़ टूट गई। यह अपनी बहन से कह रहा था, 'दादी का नाम ले लेंगे, तो पापा हमको नहीं डाँटेंगे।'

कहा तो यह जाता है कि सच और झूठ में चार अंगुल का अंतर है अर्थात यह अंतर आँख और कान के बीच का होता है। आँख की देखी बात सच होती है और कान की सुनी बात झूठ। फिर भी कभी-कभी आँखों देखी बात भी झूठ निकलती है। सब से अधिक झूठ तो न्यायालय में बोला जाता है, जहाँ सब से ऊपर लिखा होता है – 'सत्यमेव जयते'। कभी-कभी झूठ बोलना सत्य से अधिक जन हित में होता है। मेरी सलाह है कि ऐसे अवसरों पर अपने विवेक का प्रयोग करें।

मूल्य परिवर्तन

हम लोग रामायण और महाभारत को अपने आदर्श ग्रंथ मानते हैं। लेकिन मध्यकाल में इससे हमने अपने आचरण से उन आदर्शों को उखाड़ फेंका। उस समय बाल विवाह नहीं था। मध्यकाल में बाल विवाह शुरू हो गया। उस समय सती प्रथा नहीं थी। उस समय समुद्र यात्रा वर्जित नहीं थी। उस समय नियोग द्वारा किसी अन्य पुरुष द्वारा

बच्चा पैदा किया जा सकता था। हमने मध्यकाल में विधवा जीवन को नरक बना दिया या सती प्रथा के नाम पर ज़िंदा जला डाला। हमने समुद्र यात्रा वर्जित कर दी। जिस समाज में स्त्री शिक्षा के कारण गार्गी जैसी विदुषी हुई, उसी समाज ने बाद में स्त्री शिक्षा वर्जित कर दी। इन सब कारणों से हमारा समाज पिछड़ गया। आज़ादी के बाद हमने काफ़ी उन्नति की, पर हम जाति प्रथा और छुआछूत जैसे कलंक से पूरी तरह निज़ात्त नहीं पा सके।

हमारे समाज में कुछ बातों को इतना महिमा मंडित किया गया है कि उनकी समीक्षा करने का कोई साहस नहीं करता, चाहे उस बात से समाज को कितना ही नुकसान क्यों न हो। एक उदाहरण से यह बात अधिक स्पष्ट हो जाएगी। भीष्म प्रतिज्ञा के बारे में सभी जानते हैं। देवव्रत ने आजन्म अविवाहित रहने की प्रतिज्ञा इसलिए की थी कि सत्यवती उनके पिता से विवाह करने से पूर्व यह सुनिश्चित करना चाहती थीं कि उनका पुत्र ही राजा बने। बाद में सत्यवती के कोई पुत्र नहीं हुआ। उसके बाद देवव्रत (भीष्म) को शादी न करने से कई पाप करने पड़े। ऐसे आदमी को हम क्या कहेंगे जो कन्याओं का अपहरण अपने मालिक की सेवा में प्रस्तुत करता है। क्या हम उन्हें दलाल की संज्ञा देंगे, जिन्होंने अंबा, अंबिका और अंबालिका का ज़ोर जबरदस्ती अपहरण किया और उन्हें हस्तिनापुर के क्षय रोग से पीड़ित युवराज को सौंप दिया। बाद में अंबिका और अंबालिका को ऋषि द्वैपायन के पास भेजा गया और उनसे पांडु, धृतराष्ट्र और विदुर पुत्र पैदा किए गए। यही नहीं, उन्होंने गांधारी को भी एक तरह से विवश किया और अंधे धृतराष्ट्र की पत्नी बनने को मज़बूर किया। वे चुपचाप द्रौपदी का चीर हरण देखते रहे। पांडवों के अधिक शुभ चिंतक होते हुए भी साथ कौरवों का दिया। क्या अपनी प्रतिज्ञा को निभाने के चक्कर में उपर्युक्त सभी पाप जायज़ हैं?

पहले इस बात पर ध्यान देते हैं कि प्रतिज्ञा किस उद्देश्य से की गई थी। यदि उस उद्देश्य की पूर्ति के लिए विवाह करना ज़रूरी था, तो उनको अपनी प्रतिज्ञा तोड़ देना चाहिए थी। लेकिन देवव्रत ने अपनी प्रतिज्ञा पूर्ण करने के चक्कर में ऐसा नहीं किया। इस बात की आलोचना केवल कृष्ण ने की थी। उस समय केवल कृष्ण ही थे, जो इस बात को समझते थे। कृष्ण ने महाभारत में शस्त्र न उठाने की प्रतिज्ञा की थी। लेकिन अर्जुन ने जब शस्त्र उठाने से मना कर दिया, तो कृष्ण ने अपना सुदर्शन चक्र निकाल लिया, यद्यपि उसकी आवश्यकता नहीं पड़ी, क्योंकि बाद में अर्जुन इस काम के लिए तैयार हो गए।कृस्क्न

क़सम खाना या शपथ लेना का विश्लेषण कर लेते हैं। न्यालालय में हिंदुओं के लिए गीता की, मुसलमानों के लिए क़ुरान शरीफ़ की और ईसाइयों द्वारा बाइबल के नाम पर शपथ लेने की परंपरा है। शपथ लेने का अर्थ यह होता है कि शपथ लेने वाला झूठ नहीं बोलेगा। लेकिन हर व्यक्ति जानता है कि न्यायालय में शपथ के बाद कितना सच बोला जाता है। अपनी बात को सच साबित करने के लिए कुछ लोग बात-बात पर क़सम खाते देखा जा सकता है। क़सम भगवान या गंगा या किसी प्रिय के नाम से ली जा सकती है। उपन्यास सम्राट प्रेम चंद के प्रसिद्ध उपन्यास 'गोदान' में होरी (उपन्यास का हीरो) अपने भाई को पुलिस के चंगुल से बचाने के लिए अपने पत्नी के कहने पर अपने पुत्र की झूठी क़सम खा लेता है। जिस प्रिय के नाम से झूठी क़सम खाई जाती है, (ऐसी प्रचलित मान्यता है) तो वह प्रिय या तो मर जाता है या उसका बहुत बड़ा नुकसान होता है। कभी-कभी इस प्रकार की भी क़सम दिलाई जाती है - यदि यह बात तुमने किसी को बताई, तो मेरा मरा मुँह देखो। सारांश (मेरे अनुभव से) यह है कि इस प्रकार की क़सम के कारण कुछ रहस्य छुपाए जाते हैं और बाद में वे रहस्य किसी अन्य कारण से उजागर हो जाता है, तब तक बहुत बड़ा नुकसान हो जाता

है। मुझे तो यह एक प्रकार के अंधविश्वास ही लगते हैं। मनुष्य को सदैव इन कसमों को ताक पर रखकर दूसरे के (और अपने भी) हित में व्यवहारवादी (pragmatic) निर्णय लेना चाहिए।

दुविधा (Dilemma)

हर मनुष्य के जीवन में यह दुविधा आती है कि वह दोस्त या संबंधी का साथ दे या सच का। मैंने कई बार सच का साथ दिया और दोस्त खो दिए। इसका अफ़सोस है भी और नहीं भी है।

कभी-कभी परिस्थिति ऐसी होती है कि हम न्यायपूर्ण निर्णय नहीं दे पाते। अपने जीवन के दो उदाहरण देना चाहूँगा। सागर विश्वविद्यालय में भाषाविज्ञान के अस्थायी सहायक प्रोफ़ेसर की नियुक्ति के लिए साक्षात्कार था। मुझे दो बार बाहरी विशेषज्ञ के रूप में बुलाया गया था। प्रत्याशी एक को छोड़कर दोनों बार वे ही थे। दोनों बार मेरा प्रश्न था:- भाषाविज्ञान की कौन-सी नई पुस्तक आपने अभी-अभी पढ़ी है। सब का एक ही उत्तर था:- डॉ. भोलानाथ तिवारी की 'भाषाविज्ञान'। इसका मतलब साफ़ था कि किसी ने साल भर कोई पुस्तक नहीं पढ़ी है। मैंने कुलपति से पूछा, 'सर, क्या किया जाए?' उनका उत्तर था, 'स्थिति तो गंभीर है। पर आपको तय करना है कि क्या विभाग बंद कर दिया जाए। मुझे मन मारकर पिछली साल के ही दोनों अध्यापकों का चयन करना पड़ा।

दूसरी बार मैं इंग्लिश के रीडर के साक्षात्कार में डीन की हैसियत से बैठा था। साक्षात्कार में मेरे अतिरिक्त कुलपति, दो विशेषज्ञ, एक विभागाध्यक्ष और एक गवर्नर द्वारा मनोनीत विशेषज्ञ बैठे थे। एक प्रत्याशी मेरे ही विभाग की थीं। व्यावहारिक दृष्टि से मुझे उनका ही पक्ष लेना था। एक विशेषज्ञ भी हमारे थे। एक विशेषज्ञ और विभागाध्यक्ष दूसरे प्रत्याशी के पक्ष में थे। कुलपति तटस्थ (neutral) थे। बहुमत के

कारण हमारे प्रत्याशी का चयन पक्का था। अचानक एक विशेषज्ञ ने पूछा, 'सक्सेना साहब, आप डीन हैं, ईमानदारी से बताइए कि इंटरव्यू किस का अच्छा था?' मेरी अंतरात्मा ने मुझसे झूठ नहीं बोलने दिया। मेरी खामोशी ने उत्तर दे दिया और दूसरे प्रत्याशी का चयन हो गया। बाद में मित्रों के ताने सुनने पड़े। फिर भी मन में खुश था कि पाप से बच गया।

कर्मण्येवाधिकारस्ते मा फलेषु कदाचना' गीता का संदेश है। इसका अर्थ है - मनुष्य के अधिकार में केवल कर्म करना है। उस कर्म का फल मिलेगा या नहीं, यह अपने वश में नहीं है। पर मेरा अनुभव है कि यह सही है कि उस समय अपने कर्म का फल न मिले, पर फल मिलता ज़रूर है, कभी-कभी तो ब्याज समेत।

अंत में एक यक्ष प्रश्न पाठकों से। अगस्त 1984 में रोम हवाई अड्डे पर मेरी मुलाक़ात एक पाकिस्तानी से हो गई। बातचीत में दोस्ती हो गई। वह मुझे पाकिस्तानी समझता रहा। उसका प्रश्न था – भारत में हिंदू बहुमत में हैं, फिर भी वर्षों तक अल्पमत मुसलमान और फिर अंग्रेज़ राज करते रहे। क्या भारत वासियों में वीरता की कमी है या युक्ति की। मैं निरुत्तरित था। पाठकों से आशा रहेगी कि इस प्रश्न पर विचार अवश्य करें। समाजवादी नेता डॉ. राम मनोहर लोहिया ने कहा था कि ज़िंदा क़ौमें परिवर्तन के लिए पाँच साल इंतज़ार नहीं करतीं। हमारे देश की सबसे बड़ी कमज़ोरी यह रही है कि हमने हर समय यथार्थ को अनदेखा किया। हमारी हालत उस पिता जैसी है, जो अपने कंधे पर बैठे अपने पुत्र से बार-बार कह रहा था कि राजा नंगा नहीं है, वरन वह एक अद्भुत कपड़े पहने है, जिसे हम देख नहीं पा रहे हैं। कोई समाज अपनी भूमिका का निर्वाह करने में तभी समर्थ होता है, जब वह अपने आस-पास में व्याप्त यथार्थ का सही आंकलन कर उसकी सापेक्ष

समीक्षा करता है और उसके आधार पर अपनी रणनीति बनाकर उसपर अमल करता है।

टिस्को चेयरमैन श्री जे. जे. ईरानी ने कहा है, 'Vision without action is merely a dream, action without vision is merely passing time, but vision with action together can change the world.'

युवाओं, वर्तमान तुम्हारा है। पुस्तक का आरंभ उर्दू कवि ताज भोपाली की पंक्तियों से किया था। अंत हिंदी कवि दुष्यंत कुमार की पंक्तियों से कर रहा हूँ:-

सिर्फ़ हंगामा खड़ा करना मेरा मक़सद नहीं,

मेरी कोशिश है कि यह सूरत बदलनी चाहिए।

मेरे सीने में नहीं तो तेरे सीने में सही,

हो कहीं भी आग, लेकिन आग जलनी चाहिए।